Techniques de Thérapie Somatique pour Débutants

Le manuel auto-apaisant éprouvé pour la libération des traumatismes, l'équilibre corps-esprit et le renforcement de la résilience

Liz Press

Introduction

Bienvenue dans « Techniques de thérapie somatique pour débutants : le manuel d'auto-apaisement éprouvé pour la libération des traumatismes, l'équilibre corps-esprit et le renforcement de la résilience. » Au cours du voyage de la vie, nous rencontrons des moments qui nous façonnent - certains joyeux, d'autres stimulants. Pour ceux-là face à un traumatisme, au stress ou cherchant à approfondir leur connexion corps-esprit, ce livre sert de guide.

La thérapie somatique propose une approche unique, axée sur le lien intime entre nos sensations physiques, nos émotions et notre bien-être mental. Que vous soyez nouveau dans les pratiques somatiques ou que vous cherchiez à enrichir votre boîte à outils existante, ce manuel vous propose des techniques pratiques conçues pour apaiser votre système nerveux, favoriser la résilience et cultiver une guérison profonde.

Dans ces pages, nous explorerons des techniques fondamentales telles que des exercices de mise à la terre, des pratiques de respiration et une relaxation musculaire progressive, toutes conçues pour vous aider à retrouver un sentiment de sécurité et d'autonomisation dans votre corps. Vous découvrirez comment le mouvement, le toucher et la pleine conscience peuvent être de puissants alliés dans votre cheminement vers la guérison. Au-delà des techniques, ce livre approfondit la compréhension des réponses aux traumatismes, le développement de la résilience émotionnelle et la construction d'un cadre de soutien pour la pratique quotidienne. Chaque chapitre est conçu pour fournir des étapes claires et réalisables qui trouvent un écho auprès des débutants comme des praticiens chevronnés, garantissant l'accessibilité sans compromettre la profondeur.

À travers des exemples concrets, des études de cas et des témoignages, vous serez témoin de l'impact formateur du système nerveux traautonomique de la thérapie somatique sur la vie des individus. Que vous soyez confronté à des traumatismes passés, à la gestion du stress ou simplement à la recherche d'un meilleur équilibre, ces informations vous inspireront et vous guideront vers un bien-être durable. Alors que vous vous lancez dans ce voyage, rappelez-vous : vous détenez en vous la capacité innée de guérison. Ce livre est votre compagnon, offrant des outils pour libérer ce potentiel et vous lancer sur la voie de la découverte de soi et de la croissance. Ensemble, embrassons la sagesse de la thérapie somatique et embarquons pour un voyage vers la résilience, l'équilibre et une vie plus dynamique.

Chapitre un

Comprendre la thérapie somatique

Qu'est-ce que la thérapie somatique ?

La thérapie somatique est une approche intégrative de la guérison qui met l'accent sur la connexion entre l'esprit et le corps. Elle repose sur la conviction que le corps s'accroche aux traumatismes du passé et que ces manifestations physiques peuvent avoir un impact sur le bien-être émotionnel et mental. Contrairement aux thérapies par la parole traditionnelles qui se concentrent principalement sur les processus cognitifs et émotionnels, la thérapie somatique aborde les sensations physiques et les expériences corporelles qui accompagnent les problèmes psychologiques.

Le terme « somatique » vient du mot grec « soma », qui signifie « corps » du système nerveux autonome. Cette forme de thérapie part du principe que le corps et l'esprit sont intimement liés et que les traumatismes émotionnels et psychologiques peuvent être stockés dans les tissus, les muscles et le système nerveux du corps. La thérapie somatique cherche à libérer ces traumatismes stockés et à restaurer un sentiment d'équilibre et d'harmonie au sein de l'individu.

Les praticiens de la thérapie somatique utilisent une gamme de techniques pour aider les clients à devenir plus conscients de leurs sensations corporelles et à relâcher les tensions et les traumatismes. Ces techniques peuvent inclure des exercices de respiration, des pratiques d'ancrage, des exercices de mouvement, de toucher et de conscience corporelle. En se concentrant sur le corps et ses sensations, les clients peuvent accéder et traiter des émotions et des souvenirs qui pourraient ne pas être facilement accessibles par la seule communication verbale. La thérapie somatique est particulièrement efficace pour les personnes ayant subi un traumatisme, car les expériences traumatisantes sont souvent stockées dans le corps et peuvent se manifester par des symptômes physiques tels que des douleurs chroniques, des tensions ou de la fatigue. En traitant de ces manifestations physiques, la thérapie somatique peut aider les individus à traiter et à guérir de leurs expériences traumatisantes, conduisant ainsi à une meilleure santé émotionnelle et mentale.

La science derrière la thérapie somatique

La science derrière la thérapie somatique repose sur la compréhension de la manière dont le système nerveux et le cerveau interagissent avec le corps. Le système nerveux autonome, qui régule les fonctions corporelles involontaires telles que la fréquence cardiaque, la digestion et la fréquence respiratoire, joue un rôle crucial dans la façon dont le corps réagit au stress et aux traumatismes. Le système nerveux autonome est divisé en deux branches : le système nerveux sympathique et le système nerveux parasympathique.

Le système nerveux sympathique est responsable de la réponse « combat ou fuite », qui prépare le corps à répondre aux menaces perçues. Lorsque le système nerveux sympathique est activé, le corps subit plusieurs changements physiologiques, tels qu'une augmentation du rythme cardiaque, une vigilance accrue et une libération d'hormones de stress comme l'adrénaline et le cortisol. Cette réponse est cruciale pour la survie, mais lorsqu'elle est activée trop fréquemment ou intensément, elle peut entraîner un stress chronique et des problèmes de santé.

Le système nerveux parasympathique, quant à lui, est responsable de la réponse « repos et digestion », qui aide le corps à se détendre et à récupérer après un événement stressant. Lorsque le système nerveux parasympathique est activé, le corps subit des changements physiologiques qui favorisent la relaxation, comme une diminution de la fréquence cardiaque, une respiration plus lente et une réduction des niveaux d'hormones de stress. Un équilibre sain entre le système nerveux sympathique et le système nerveux parasympathique est essentiel au bien-être général.

Les expériences traumatisantes peuvent perturber cet équilibre en provoquant le blocage du système nerveux dans un état d'excitation accru ou d'arrêt. Cela peut entraîner toute une série de symptômes physiques et psychologiques, tels que l'anxiété, la dépression, la douleur chronique et la dissociation. La thérapie somatique vise à rétablir l'équilibre du système nerveux en aidant les clients à réguler leurs réponses physiologiques au stress et aux traumatismes. L'un des mécanismes clés de la thérapie somatique est le concept de neuroplasticité, qui fait référence à la capacité du cerveau à se réorganiser et à s'adapter en réponse à de nouvelles expériences. Grâce à des pratiques somatiques, les individus peuvent créer de nouvelles voies neuronales qui favorisent la guérison et la résilience. En s'engageant dans des pratiques qui favorisent la conscience et la régulation du corps, les clients peuvent recycler leur système nerveux pour qu'il réponde de manière plus adaptative au stress et aux traumatismes.

La recherche a montré que les interventions somatiques peuvent avoir un impact profond sur le cerveau et le corps. Par exemple, des études ont démontré que des pratiques telles que la respiration profonde et la méditation de pleine conscience peuvent réduire l'activité du système nerveux sympathique et augmenter l'activité du système nerveux parasympathique, conduisant ainsi à une meilleure gestion du stress et à une meilleure régulation émotionnelle. De plus, il a été démontré que les thérapies basées sur le mouvement, telles que le yoga et la danse, augmentent la libération d'endorphines et d'autres émetteurs de bien-être du système nerveux neurotrautonomique, favorisant ainsi une sensation de bien-être et de relaxation.

Avantages de la thérapie somatique

Les bienfaits de la thérapie somatique sont vastes et multiformes, englobant le bien-être physique, émotionnel et psychologique. En abordant le corps comme partie intégrante du processus de guérison, la thérapie somatique propose une approche holistique qui peut conduire à un changement profond et durable. L'un des principaux avantages de la thérapie somatique est sa capacité à aider les individus à se libérer des traumatismes et des tensions accumulés dans le corps. Les expériences traumatisantes peuvent rester « piégées » dans les tissus du corps, entraînant des douleurs chroniques, des tensions et d'autres symptômes physiques. Grâce à des techniques somatiques, les individus peuvent se libérer de ces traumatismes stockés, ce qui entraîne un soulagement de l'inconfort physique et un sentiment général de relaxation et d'aisance.

En plus des bienfaits physiques, la thérapie somatique peut également avoir un impact significatif sur le bien-être émotionnel et psychologique. En favorisant une plus grande conscience du corps, les individus peuvent devenir plus sensibles à leurs émotions et apprendre à les reconnaître et à les traiter de manière saine. Cette conscience émotionnelle accrue peut conduire à une meilleure régulation émotionnelle et à un plus grand sentiment de paix intérieure. La thérapie somatique est particulièrement efficace pour les personnes ayant subi un traumatisme, car elle offre un environnement sûr et favorable au traitement des souvenirs et des émotions traumatisants. Les thérapies traditionnelles par la parole peuvent parfois être à nouveau traumatisantes pour les personnes ayant des antécédents de traumatisme, car elles peuvent être forcées de revivre des souvenirs douloureux grâce au récit verbal. La thérapie somatique, quant à elle, permet aux individus de traiter un traumatisme de manière non verbale, à travers le corps. Cela peut constituer une approche plus douce et plus efficace pour les survivants d'un traumatisme.

Un autre avantage de la thérapie somatique est sa capacité à améliorer la connexion corps-esprit. Dans le monde actuel, trépidant et souvent stressant, de nombreuses personnes se déconnectent de leur corps, ce qui entraîne toute une série de problèmes physiques et psychologiques. La thérapie somatique aide les individus à renouer avec leur corps, favorisant ainsi un plus grand sentiment d'incarnation et de présence. Cela peut conduire à une meilleure conscience de soi, à une meilleure compassion envers soi-même et à un bien-être général. De plus, la thérapie somatique peut améliorer la résilience et les capacités d'adaptation. En apprenant à réguler leurs réponses physiologiques au stress et aux traumatismes, les individus peuvent devenir plus résilients face aux défis de la vie. Les pratiques somatiques peuvent aider les individus à constituer une « boîte à outils » de techniques de gestion du stress et des émotions, favorisant ainsi un plus grand sentiment d'autonomisation et d'auto-efficacité.

Comment la thérapie somatique diffère des autres modalités

La thérapie somatique diffère des autres modalités thérapeutiques de plusieurs manières clés, principalement par sa concentration sur le corps et son intégration avec l'esprit. Alors que les thérapies par la parole traditionnelles, telles que la thérapie cognitivo-comportementale et la thérapie psychodynamique, se concentrent sur les processus cognitifs et émotionnels, la thérapie somatique met l'accent sur l'importance du rôle du corps dans la guérison. L'une des principales distinctions entre la thérapie somatique et les autres modalités est l'accent mis sur la conscience du corps et les sensations corporelles. En thérapie somatique, les clients sont encouragés à se mettre à l'écoute de leur corps et à remarquer des sensations physiques, telles que la tension, la douleur ou la relaxation. Cette focalisation sur le corps permet aux individus d'accéder et de traiter des émotions et des souvenirs qui ne seraient peut-être pas facilement accessibles par la seule communication verbale.

Une autre différence clé réside dans l'utilisation de techniques physiques en thérapie somatique. Alors que les thérapies par la parole traditionnelles impliquent principalement la communication verbale, la thérapie somatique intègre une gamme de pratiques physiques, telles que des exercices de respiration, des techniques de mouvement, de toucher et d'ancrage. Ces pratiques aident les individus à se libérer des traumatismes et des tensions accumulés dans le corps, favorisant ainsi la guérison physique et émotionnelle. La thérapie somatique diffère également des autres modalités par son approche du traumatisme. Les thérapies traditionnelles par la parole peuvent parfois être à nouveau traumatisantes pour les personnes ayant des antécédents de traumatisme, car elles peuvent être forcées de revivre des souvenirs douloureux grâce au récit verbal. La thérapie somatique, quant à elle, offre une manière non verbale de traiter le traumatisme, à travers le corps. Cela peut constituer une approche plus douce et plus efficace pour les survivants d'un traumatisme.

De plus, la thérapie somatique est de nature holistique et aborde l'interconnexion de l'esprit, du corps et des émotions. Cette approche holistique reconnaît que le bien-être physique, émotionnel et psychologique est interdépendant et que la guérison doit impliquer tous les aspects de soi. En abordant le corps comme partie intégrante du processus de guérison, la thérapie somatique propose une approche globale et intégrée du bien-être.

Chapitre deux

La connexion corps-esprit

Comprendre la relation corps-esprit

La relation corps-esprit est un aspect fondamental de l'existence humaine, englobant l'interaction complexe entre nos états mental et physique. Ce lien est ancré dans la compréhension que nos pensées, nos émotions et nos comportements sont étroitement liés à nos processus physiologiques. Historiquement, l'esprit et le corps étaient souvent considérés comme des entités distinctes, mais la science moderne reconnaît de plus en plus leur profonde interdépendance. Cette perspective holistique reconnaît que notre état mental peut avoir un impact significatif sur notre santé physique, et vice versa.

La relation corps-esprit est évidente dans diverses expériences quotidiennes. Par exemple, le stress peut entraîner des symptômes physiques tels que des maux de tête, des tensions musculaires et de la fatigue. À l'inverse, les maladies physiques peuvent affecter notre état mental, entraînant de l'anxiété, de la dépression ou un sentiment de désespoir. Cette influence bidirectionnelle souligne l'importance de prendre en compte les aspects à la fois mentaux et physiques de la santé et du bien-être.

L'un des principes fondamentaux de la connexion corps-esprit est le concept de réponses psychosomatiques, dans lequel des facteurs psychologiques peuvent induire ou exacerber des symptômes physiques. Par exemple, le stress chronique peut affaiblir le système immunitaire, rendant les individus plus vulnérables aux maladies. De même, un traumatisme émotionnel peut se manifester par une douleur chronique ou d'autres problèmes physiques. Comprendre cette relation peut éclairer des approches plus efficaces en matière de soins de santé, en soulignant la nécessité de traitements qui abordent à la fois les aspects mentaux et physiques de la santé. La connexion corps-esprit joue également un rôle crucial dans le processus de guérison. Des pratiques telles que la méditation de pleine conscience, le yoga et le tai-chi exploitent cette relation en favorisant la relaxation mentale et le bien-être physique. Ces pratiques encouragent les individus à cultiver la conscience de leur corps et de leur esprit, favorisant ainsi un sentiment d'harmonie et d'équilibre. La recherche a montré que de telles pratiques corps-esprit peuvent réduire le stress, améliorer l'humeur et améliorer la santé globale.

Le rôle du système nerveux

Le système nerveux est au cœur de la connexion corps-esprit, servant de principal réseau de communication entre le cerveau et le reste du corps. Il est composé de deux parties principales : le système nerveux central, qui comprend le cerveau et la moelle épinière, et le système nerveux périphérique, qui relie le système nerveux central au reste du corps.

Le système nerveux autonome, une subdivision du système nerveux parasympathique, joue un rôle essentiel dans la régulation des fonctions corporelles involontaires telles que la fréquence cardiaque, la digestion et la fréquence respiratoire. Le système nerveux autonome est divisé en système nerveux sympathique et système nerveux parasympathique, qui travaillent ensemble pour maintenir l'homéostasie. Le système nerveux sympathique est responsable de la réponse « combat ou fuite », qui prépare le corps à répondre aux menaces perçues. Lorsqu'il est activé, le système nerveux sympathique augmente la fréquence cardiaque, redirige le flux sanguin vers les muscles essentiels et libère des hormones de stress telles que l'adrénaline et le cortisol. Cette réponse est essentielle à la survie, car elle permet de réagir rapidement au danger. Cependant, l'activation chronique du système nerveux sympathique, souvent due à un stress prolongé, peut entraîner des conséquences négatives sur la santé, telles que l'hypertension, l'anxiété et la suppression du système immunitaire.

En revanche, le système nerveux parasympathique favorise la réponse « repos et digestion », qui aide le corps à se détendre et à récupérer après un stress. L'activation du système nerveux parasympathique ralentit le rythme cardiaque, améliore la digestion et favorise la libération d'hormones qui facilitent la relaxation et la guérison. Un équilibre sain entre le système nerveux sympathique et le système nerveux parasympathique est crucial pour maintenir la santé et le bien-être général. Le rôle du système nerveux dans la connexion corps-esprit est également illustré par son implication dans la réponse au stress. Lorsqu'un individu perçoit une menace, l'hypothalamus du cerveau active le système nerveux sympathique, déclenchant une cascade de changements physiologiques. Cette réponse est bénéfique dans les situations aiguës, mais lorsque le stress est chronique, elle peut entraîner des problèmes de santé à long terme.

Comprendre le rôle du système nerveux dans la connexion corps-esprit peut éclairer les stratégies visant à promouvoir l'équilibre et la résilience. Des techniques telles que la respiration profonde, la relaxation musculaire progressive et la méditation de pleine conscience peuvent activer le système nerveux parasympathique, aidant ainsi à contrecarrer les effets du stress chronique. En apprenant à réguler les réponses de leur système nerveux, les individus peuvent améliorer leur santé mentale et physique.

Comment le traumatisme affecte le corps

Un traumatisme peut avoir des effets profonds et durables sur le corps, se manifestant souvent par des symptômes physiques et des problèmes de santé chroniques. Lorsqu'un individu subit un traumatisme, qu'il soit physique, émotionnel ou psychologique, le corps et l'esprit réagissent d'une manière qui peut laisser des empreintes durables sur son bien-être général. L'une des principales façons dont le traumatisme affecte le corps est l'activation de la réponse au stress. Lors d'un événement traumatisant, le système nerveux sympathique du corps est activé, préparant l'individu à se battre, à fuir ou à se figer en réponse à la menace. Cette activation implique la libération d'hormones de stress comme l'adrénaline et le cortisol, qui facilitent des réactions physiques rapides. Bien que cette réponse soit cruciale pour la survie, une activation prolongée ou répétée due à un traumatisme continu peut conduire à un état d'hyperexcitation.

L'hyperexcitation peut entraîner divers symptômes physiques, notamment une augmentation de la fréquence cardiaque, des tensions musculaires et une conscience sensorielle accrue. Au fil du temps, l'activation constante de la réponse au stress peut entraîner des maladies chroniques telles que l'hypertension, les maladies cardiovasculaires et les troubles digestifs. De plus, le système immunitaire peut être compromis, rendant l'individu plus vulnérable aux infections et aux maladies. Le traumatisme peut également se manifester par des symptômes somatiques, qui sont des manifestations physiques de détresse psychologique. Ces symptômes peuvent inclure des douleurs chroniques, des problèmes gastro-intestinaux et des douleurs inexpliquées. Les symptômes somatiques sont souvent le moyen utilisé par le corps pour exprimer et faire face à un traumatisme non résolu. Pour de nombreuses personnes, ces symptômes persistent longtemps après la fin de l'événement traumatisant, rappelant le passé et source de détresse permanente.

Dans certains cas, le traumatisme peut conduire à une dissociation, un mécanisme de défense psychologique par lequel l'individu se déconnecte de ses pensées, de ses sentiments ou de ses sensations corporelles. La dissociation peut servir de mécanisme d'adaptation pour protéger l'individu des émotions et des souvenirs accablants associés au traumatisme. Cependant, cela peut également conduire à une déconnexion du corps, rendant difficile pour les individus de reconnaître et de répondre à leurs besoins physiques.

Le trouble de stress post-traumatique est une condition qui illustre la façon dont un traumatisme peut affecter le corps. Les personnes atteintes du syndrome de stress post-traumatique peuvent éprouver des flashbacks, des cauchemars et des pensées intrusives liées à l'événement traumatisant. Ces symptômes psychologiques sont souvent accompagnés de symptômes physiques tels qu'une hypervigilance, une réaction de sursaut exagérée et des difficultés à dormir. La réponse du corps au stress devient dérégulée, conduisant à un état de vigilance et de tension constante. La guérison d'un traumatisme nécessite d'aborder à la fois les aspects psychologiques et physiques de l'expérience. La thérapie somatique, qui se concentre sur le rôle du corps dans le traumatisme et la guérison, peut être particulièrement efficace. Des techniques telles que les exercices de mise à la terre, les pratiques de conscience du corps et la thérapie par le mouvement peuvent aider les individus à libérer les traumatismes et les tensions stockés dans le corps. En renouant avec leur corps et en apprenant à réguler leurs réponses physiologiques, les individus peuvent commencer à guérir des effets d'un traumatisme.

L'importance de la conscience du corps

La conscience corporelle, également appelée intéroception, est la capacité de percevoir et de comprendre les sensations internes du corps. Il joue un rôle crucial dans la connexion corps-esprit, car il permet aux individus de reconnaître et de répondre à leurs besoins physiques et à leurs émotions. Développer la conscience corporelle peut conduire à une amélioration de la santé, de la régulation émotionnelle et du bien-être général. L'un des principaux avantages de la conscience corporelle est sa capacité à améliorer l'autorégulation. En étant à l'écoute de leurs sensations corporelles, les individus peuvent devenir plus sensibles à leurs états émotionnels et apprendre à gérer leurs réponses au stress et aux défis. Par exemple, reconnaître les signes physiques du stress, tels qu'une augmentation du rythme cardiaque ou une tension musculaire, peut inciter les individus à adopter des techniques de relaxation ou d'autres stratégies d'adaptation. Cette prise de conscience peut prévenir l'accumulation de stress chronique et les problèmes de santé qui y sont associés.

La conscience corporelle joue également un rôle crucial dans le traitement des émotions. Les émotions sont souvent ressenties sous forme de sensations physiques dans le corps, comme une poitrine serrée, un ventre palpitant ou une boule dans la gorge. En développant la conscience corporelle, les individus peuvent apprendre à reconnaître et à nommer ces sensations, ce qui leur permet de traiter et d'exprimer leurs émotions plus efficacement. Cela peut conduire à une meilleure régulation émotionnelle et à un plus grand sentiment d'équilibre émotionnel. En plus de ses bienfaits sur la santé émotionnelle, la conscience corporelle peut également améliorer la santé physique. En étant à l'écoute de leurs sensations corporelles, les individus peuvent devenir plus conscients de leurs besoins physiques et prendre des mesures proactives pour y répondre. Par exemple, reconnaître les signes de faim, de fatigue ou d'inconfort peut inciter les individus à manger, à se reposer ou à ajuster leur posture, empêchant ainsi le développement de problèmes de santé plus graves. La conscience corporelle peut également améliorer la performance physique, car elle permet aux individus d'affiner leurs mouvements et de répondre aux réactions de leur corps pendant les activités physiques.

Les pratiques de pleine conscience sont un moyen puissant de développer la conscience du corps. La pleine conscience consiste à prêter attention au moment présent avec curiosité et sans jugement. En se concentrant sur leurs sensations corporelles, les individus peuvent cultiver un plus grand sentiment de connexion avec leur corps et développer une compréhension plus profonde de leur état physique et émotionnel. Des techniques telles que le système nerveux autonome, la respiration consciente et le mouvement conscient peuvent aider les individus à développer cette conscience et à l'intégrer dans leur vie quotidienne. Le yoga et d'autres pratiques corps-esprit sont également efficaces pour améliorer la conscience du corps. Ces pratiques impliquent de bouger le corps avec intention et conscience, favorisant un sentiment d'incarnation et de présence. Grâce au yoga, les individus peuvent apprendre à écouter leur corps, à reconnaître leurs limites et à répondre à leurs besoins physiques avec compassion et attention. Cette prise de conscience peut s'étendre au-delà du tapis de yoga, influençant la façon dont les individus se déplacent dans leur vie quotidienne et interagissent avec leur corps.

La conscience du corps est également essentielle pour guérir d'un traumatisme. Les expériences traumatisantes peuvent conduire à une déconnexion du corps, rendant difficile pour les individus de reconnaître leurs besoins physiques et d'y répondre. Développer la conscience corporelle peut aider les individus à renouer avec leur corps et à gérer leurs expériences traumatisantes de manière sûre et solidaire. La thérapie somatique, qui met l'accent sur le rôle du corps dans le traumatisme et la guérison, peut être particulièrement efficace à cet effet.

Chapitre trois

Débuter avec la thérapie somatique

La thérapie somatique est une approche qui intègre l'esprit et le corps pour traiter les symptômes physiques et psychologiques. Cette méthode holistique reconnaît le lien profond entre les émotions et les expériences physiques, offrant un chemin de guérison ancré dans les sensations et les mouvements du corps. Que vous soyez nouveau en thérapie somatique ou que vous cherchiez à approfondir votre pratique, comprendre les principes fondamentaux et les étapes impliquées peut améliorer considérablement votre cheminement vers le bien-être.

Définir des intentions de guérison

Définir des intentions claires est une première étape cruciale dans la thérapie somatique. Les intentions servent de boussole, vous aidant à concentrer vos efforts et votre énergie vers des objectifs de guérison spécifiques. Commencez par réfléchir à ce que vous espérez réaliser grâce à la thérapie somatique. Cherchez-vous à vous libérer d'un traumatisme passé, à réduire le stress, à améliorer la régulation émotionnelle ou à améliorer votre bien-être général ? Identifier vos objectifs peut apporter de la clarté et une orientation. Lorsque vous définissez vos intentions, il est important d'être à la fois précis et réaliste. Par exemple, au lieu d'un objectif général comme « Je veux me sentir mieux », vous pouvez définir une intention plus précise telle que « Je veux réduire l'anxiété lors de situations stressantes ». Cette spécificité aide à créer des étapes concrètes et à mesurer les progrès. De plus, soyez doux avec vous-même dans ce processus. La guérison n'est pas linéaire et il est essentiel de laisser la place à des améliorations et à des revers progressifs.

La journalisation peut être un outil précieux à cette étape. Écrire vos intentions vous permet d'exprimer clairement vos pensées et vos sentiments. Revoir périodiquement ces entrées peut également vous aider à suivre vos progrès et à ajuster vos objectifs si nécessaire. De plus, partager vos intentions avec un thérapeute ou une communauté de soutien peut vous apporter davantage d'encouragement et de responsabilisation.

Créer un espace sûr pour la pratique

Un environnement sûr et stimulant est fondamental pour une thérapie somatique efficace. Cet espace doit être physiquement confortable et émotionnellement sécurisé, favorisant un sentiment de sécurité qui vous permet d'explorer et d'exprimer vos expériences intérieures sans crainte ni jugement. Que vous exerciez à domicile ou dans un cadre professionnel, l'ambiance de votre environnement peut avoir un impact significatif sur vos résultats thérapeutiques. Commencez par sélectionner un endroit où vous vous sentez le plus à l'aise. Il peut s'agir d'une pièce calme de votre maison, d'un coin paisible dans un jardin ou d'un espace thérapeutique désigné. Assurez-vous que cette zone est exempte de distractions et d'interruptions. Le confort est essentiel, alors tenez compte de facteurs tels que l'éclairage, la température et la disposition des sièges. Un éclairage doux, une chaise ou un tapis confortable et une couverture peuvent contribuer à créer une atmosphère apaisante.

Personnaliser votre espace avec des objets qui vous apportent confort et joie peut également améliorer votre pratique. Cela peut inclure des photographies, des plantes, des huiles essentielles ou de la musique apaisante. L'objectif est de créer un environnement sûr et accueillant, vous permettant de vous immerger pleinement dans le processus thérapeutique. La sécurité émotionnelle de votre espace est tout aussi importante. Établissez des limites qui protègent votre temps et votre énergie pendant la pratique. Informez votre entourage de votre besoin de temps ininterrompu et pensez à utiliser un panneau « ne pas déranger » si nécessaire. La sécurité émotionnelle implique également l'auto-compassion et la patience. Abordez votre pratique sans porter de jugement, en reconnaissant que toutes les émotions et sensations sont valables et dignes d'attention.

Outils et accessoires dont vous pourriez avoir besoin

Bien que la thérapie somatique repose principalement sur le corps et l'esprit, certains outils et accessoires peuvent améliorer la pratique et faciliter une exploration plus approfondie. Ces éléments ne sont pas strictement nécessaires mais peuvent apporter un soutien et un confort supplémentaires. L'un des accessoires les plus couramment utilisés en thérapie somatique est un tapis de yoga ou un tapis confortable. Cela fournit un espace désigné pour les exercices de mouvement et de mise à la terre. Les coussins et les traversins peuvent être utiles pour maintenir des postures confortables pendant des séances plus longues. Ils peuvent également soutenir le corps dans des poses réparatrices, favorisant la relaxation et la libération.

D'autres outils qui peuvent être bénéfiques incluent les rouleaux en mousse et les balles de massage, qui peuvent être utilisés pour l'auto-massage et la libération myofasciale. Ces outils aident à soulager les tensions musculaires et à accroître la conscience du corps, améliorant ainsi le lien entre les sensations physiques et les expériences émotionnelles. Des aides à la respiration telles qu'un coussin respiratoire ou un simple masque pour les yeux peuvent également être utiles. Un coussin respiratoire soutient la respiration diaphragmatique, qui est un élément essentiel de nombreuses pratiques somatiques. Un masque pour les yeux peut aider à bloquer les distractions visuelles, permettant ainsi une concentration interne plus profonde.

En plus des accessoires physiques, envisagez d'incorporer des objets sensoriels qui font appel à différents sens. L'aromathérapie aux huiles essentielles peut créer un environnement apaisant, tandis qu'une machine sonore ou une musique douce peut procurer une relaxation auditive. Les objets texturés comme les balles anti-stress ou les tissus tactiles peuvent offrir des sensations d'ancrage, aidant à ancrer votre attention sur le moment présent.

Établir une routine

La cohérence est cruciale en thérapie somatique, et l'établissement d'une routine régulière peut améliorer considérablement les bénéfices de votre pratique. Une routine bien structurée procure un sentiment de stabilité et de continuité, vous permettant de tirer parti des progrès de chaque séance. Commencez par planifier des séances régulières qui correspondent à votre routine quotidienne ou hebdomadaire. La cohérence est plus importante que la durée, donc même des séances courtes et fréquentes peuvent être très efficaces. Choisissez le moment qui vous convient le mieux, que ce soit le matin pour commencer votre journée en pleine conscience ou le soir pour vous détendre.

Développer un rituel pour commencer et terminer votre pratique peut également être bénéfique. Cela peut inclure d'allumer une bougie, de jouer un morceau de musique spécifique ou de prendre quelques instants pour vous recentrer en respirant profondément. Les rituels aident à signaler à votre esprit et à votre corps qu'il est temps de transformer le système nerveux autonome en un espace thérapeutique, créant ainsi une frontière entre votre pratique et votre vie quotidienne. Pendant vos séances, commencez par des exercices de mise à la terre qui vous aident à vous connecter avec votre corps. Cela peut impliquer une respiration profonde, un système nerveux autonome ou des étirements doux. Les exercices de mise à la terre préparent votre corps et votre esprit à un travail plus profond en favorisant la relaxation et la conscience du moment présent.

Au fur et à mesure de votre progression, intégrez une variété de techniques somatiques adaptées à vos besoins et à vos objectifs. Cela peut inclure des pratiques de mouvement telles que le yoga ou le Tai Chi, des arts expressifs comme la danse ou le dessin et des exercices de pleine conscience comme la méditation ou l'imagerie guidée. Permettez à vos séances d'être fluides et réactives à votre état actuel, en adaptant vos pratiques en fonction de ce qui vous semble le plus favorable. Réfléchir à chaque session peut approfondir votre compréhension et votre intégration des expériences. Prenez quelques minutes pour rédiger un journal ou méditer sur ce que vous avez ressenti, remarqué et appris. Cette réflexion consolide non seulement les bénéfices de votre pratique mais fournit également des informations précieuses pour les sessions futures.

En fin de compte, l'objectif de la thérapie somatique est de cultiver une connexion plus profonde avec votre corps et vos émotions, favorisant ainsi un sentiment de plénitude et de bien-être. En définissant des intentions claires, en créant un environnement sûr et stimulant, en utilisant des outils de soutien et en établissant une routine cohérente, vous pouvez créer une base solide pour votre pratique de thérapie somatique. Cette approche holistique de la guérison honore l'interaction complexe entre l'esprit et le corps, offrant une voie compatissante vers la formation et la croissance du système nerveux trautonomique.

Chapitre quatre

Techniques fondamentales pour s'auto-apaiser

Les techniques d'auto-apaisement sont des compétences essentielles qui aident les individus à gérer le stress, l'anxiété et d'autres défis émotionnels. En cultivant ces techniques, on peut favoriser un sentiment de calme intérieur et de résilience, permettant une meilleure régulation émotionnelle et un bien-être général. Comprendre et intégrer des méthodes fondamentales d'auto-apaisement peut fournir des outils précieux pour traverser les hauts et les bas de la vie avec plus de facilité et de confiance.

Techniques de mise à la terre

Les techniques d'ancrage sont des méthodes pratiques conçues pour ancrer un individu dans le moment présent. Ces techniques sont particulièrement utiles pendant les périodes de stress intense, d'anxiété ou de dissociation, car elles aident à déplacer l'attention des pensées et émotions pénibles vers l'ici et maintenant. L'ancrage peut impliquer des stratégies physiques, mentales ou sensorielles, chacune visant à créer un sentiment de stabilité et de contrôle. Une technique de mise à la terre efficace est la méthode 5-4-3-2-1. Cela implique d'identifier cinq choses que vous pouvez voir, quatre choses que vous pouvez toucher, trois choses que vous pouvez entendre, deux choses que vous pouvez sentir et une chose que vous pouvez goûter. Cet exercice fait appel à plusieurs sens, redirigeant l'attention de l'anxiété ou des pensées pénibles vers l'environnement immédiat. Le processus de nomination de ces éléments aide à interrompre les schémas de pensée négatifs et à promouvoir un sentiment de présence.

Une autre stratégie d'ancrage consiste à utiliser les sensations physiques. Cela peut inclure des activités telles que marcher pieds nus sur l'herbe, tenir un morceau de glace ou prendre une douche froide. Les sensations physiques associées à ces activités peuvent être incroyablement ancrées, ramenant l'attention sur le corps et le moment présent. De même, s'engager dans des mouvements rythmés comme taper du pied, serrer et desserrer les poings, ou même se balancer, peut produire un effet d'ancrage.

Les techniques d'ancrage mental peuvent également être très efficaces. Ceux-ci peuvent impliquer de simples exercices mentaux tels que compter à rebours de 100 jusqu'à sept, réciter un poème ou les paroles d'une chanson préférée, ou visualiser un endroit sûr et paisible. Ces activités mentales nécessitent de la concentration, ce qui permet de détourner l'attention des émotions et des pensées pénibles. Les visualisations, en particulier, peuvent créer un puissant sentiment de sécurité et de calme grâce au système nerveux mentalement traautonomique qui vous transporte vers un endroit où vous vous sentez en sécurité et à l'aise. Les techniques de mise à la terre sont polyvalentes et peuvent être adaptées aux préférences et contextes individuels. La clé est de trouver des méthodes qui trouvent un écho personnel et qui peuvent être facilement mises en œuvre en cas de besoin. La pratique régulière de ces techniques peut également améliorer leur efficacité, les rendant plus accessibles en période de stress ou d'anxiété accru.

Exercices de respiration

Les exercices de respiration sont la pierre angulaire des pratiques d'auto-apaisement. Une respiration contrôlée peut avoir un impact significatif sur le système nerveux autonome, favorisant la relaxation et réduisant le stress. En se concentrant sur la respiration, les individus peuvent calmer leur esprit et leur corps, créant ainsi un sentiment de tranquillité et d'équilibre. L'un des exercices de respiration les plus simples et les plus efficaces est la respiration diaphragmatique, également connue sous le nom de respiration abdominale. Cette technique consiste à respirer profondément dans l'abdomen plutôt que dans la poitrine. Pour pratiquer, asseyez-vous ou allongez-vous dans une position confortable, placez une main sur votre poitrine et l'autre sur votre ventre. Inspirez profondément par le nez, permettant à votre abdomen de se soulever à mesure qu'il se remplit d'air. Expirez lentement par la bouche, en laissant votre abdomen retomber. Ce rythme respiratoire profond et lent active le système nerveux parasympathique, responsable des fonctions de repos et de digestion du corps, réduisant ainsi le stress et favorisant la relaxation.

Un autre exercice de respiration puissant est la technique 4-7-8, développée par le Dr Andrew Weil. Cette méthode consiste à inspirer en comptant jusqu'à quatre, à retenir sa respiration en comptant jusqu'à sept et à expirer en comptant jusqu'à huit. Cette expiration prolongée aide à expulser davantage de dioxyde de carbone des poumons, ralentissant ainsi la fréquence cardiaque et favorisant un état de calme. La pratique régulière de cette technique peut renforcer ses effets apaisants et améliorer l'efficacité respiratoire globale.

La respiration en boîte, également connue sous le nom de respiration carrée, est une autre méthode efficace. Cette technique consiste à inspirer en comptant jusqu'à quatre, à retenir sa respiration en comptant jusqu'à quatre, à expirer en comptant jusqu'à quatre et à retenir à nouveau sa respiration en comptant jusqu'à quatre. La nature répétitive et rythmée de la respiration en boîte peut aider à réguler la respiration et à créer un sentiment d'équilibre et de stabilité. Cette méthode est particulièrement utile dans les situations de stress élevé, car elle propose une approche structurée pour calmer l'esprit et le corps.

La respiration narine alternative, ou Nadi Shodhana, est une technique ancrée dans le yoga et les traditions ayurvédiques. Cette pratique consiste à respirer par une narine à la fois, en alternant entre les narines gauche et droite. Pour pratiquer, asseyez-vous confortablement, utilisez votre pouce droit pour fermer votre narine droite et inspirez profondément par votre narine gauche. Fermez votre narine gauche avec votre annulaire droit, relâchez votre pouce de votre narine droite et expirez par la narine droite. Inspirez par la narine droite, fermez-la avec votre pouce et expirez par la narine gauche. Ce cycle peut être répété plusieurs fois. La respiration alternée par les narines aide à équilibrer les hémisphères du cerveau, à réduire le stress et à favoriser un sentiment de bien-être général.

Relaxation musculaire progressive

La relaxation musculaire progressive est une technique qui consiste à tendre puis à relâcher systématiquement différents groupes musculaires du corps. Cette méthode permet de réduire les tensions physiques et de favoriser la relaxation, ce qui en fait un outil efficace pour gérer le stress et l'anxiété. Pour pratiquer la relaxation musculaire progressive, trouvez un endroit calme et confortable où vous pourrez vous asseoir ou vous allonger. Commencez par vous concentrer sur votre respiration, en prenant quelques respirations profondes pour vous recentrer. Commencez par vos pieds, en tendant les muscles de vos orteils et de vos pieds aussi fort que possible. Maintenez la tension quelques secondes, puis relâchez-la pour permettre aux muscles de se détendre complètement. Remarquez la différence entre la sensation de tension et la sensation de relaxation. Montez jusqu'à vos mollets, en répétant le processus de tension et de relaxation. Continuez cette pratique en progressant dans vos cuisses, votre abdomen, votre poitrine, vos bras et votre visage, jusqu'à ce que vous

ayez tendu et détendu tous les principaux groupes
musculaires.

Le but de la relaxation musculaire progressive est de
prendre conscience de la tension physique et d'apprendre
à la relâcher. En tendant puis en relâchant
intentionnellement les muscles, vous pouvez développer
une conscience corporelle accrue et une plus grande
capacité à reconnaître et à réduire les tensions de la vie
quotidienne. La pratique régulière de la relaxation
musculaire progressive peut également améliorer le
sommeil, réduire les symptômes d'anxiété et améliorer la
relaxation physique et mentale globale. Pour les
personnes qui découvrent la relaxation musculaire
progressive, des enregistrements ou des scripts guidés
peuvent être particulièrement utiles. Ces ressources
fournissent des instructions étape par étape, vous guidant
à travers chaque groupe musculaire et garantissant que
vous maintenez un rythme lent et régulier. Au fur et à
mesure que vous vous familiariserez avec la technique,
vous pourrez adapter la pratique à vos besoins, en vous
concentrant sur des zones de tension spécifiques ou en

intégrant la relaxation musculaire progressive à votre routine quotidienne.

Pratiques de sensibilisation sensorielle

Les pratiques de conscience sensorielle impliquent d'engager et d'améliorer les sens pour favoriser la relaxation et la pleine conscience. Ces pratiques aident à ancrer l'attention dans le moment présent, à réduire le stress et à favoriser une connexion plus profonde avec le corps et l'environnement. Une pratique efficace de sensibilisation sensorielle consiste à manger en pleine conscience. Cela implique de prêter une attention particulière aux expériences sensorielles liées à l'alimentation, telles que le goût, la texture, l'odeur et l'apparence des aliments. Commencez par sélectionner un petit morceau de nourriture, comme un raisin sec ou un morceau de chocolat. Observez sa couleur, sa forme et sa texture. Sentez la nourriture en remarquant les arômes. Placez la nourriture dans votre bouche, mais avant de la mâcher, prenez un moment pour ressentir sa texture. Mâchez lentement en faisant attention aux saveurs et aux sensations. Cette approche consciente de l'alimentation peut transformer une activité de routine en une pratique méditative, améliorant le plaisir et favorisant un sentiment de présence.

Une autre pratique sensorielle est l'utilisation de l'aromathérapie. Les huiles essentielles, comme la lavande, la camomille ou l'eucalyptus, peuvent être utilisées pour créer un environnement apaisant. Diffuser ces huiles dans votre espace ou ajouter quelques gouttes dans un bain chaud peut aider à apaiser les sens et favoriser la relaxation. L'inhalation de ces parfums peut déclencher le système limbique du cerveau, qui est impliqué dans la régulation des émotions et la réponse au stress, améliorant ainsi l'humeur et réduisant l'anxiété. Écouter de la musique ou des sons de la nature est aussi une pratique sensorielle puissante. Choisissez une musique qui vous parle, qu'il s'agisse de classique, de jazz, d'ambiant ou de tout autre genre que vous trouvez apaisant. Alternativement, écouter les sons de la nature comme les vagues de l'océan, la pluie ou le chant des oiseaux peut créer un environnement auditif paisible. Fermez les yeux et concentrez-vous sur les sons, leur permettant de vous envahir et d'apporter une sensation de calme. Cette pratique peut être particulièrement utile pour se détendre en fin de journée ou pour créer une atmosphère relaxante pendant les périodes de stress.

S'engager dans des activités tactiles peut également améliorer la conscience sensorielle et favoriser la relaxation. Cela peut inclure des activités comme tricoter, jouer avec de l'argile ou du sable, ou simplement passer vos mains sur différentes textures comme un tissu doux ou des pierres lisses. Les sensations physiques associées à ces activités peuvent être ancrées et apaisantes, aidant à détourner l'attention du stress et à se concentrer sur le moment présent. Les pratiques visuelles sensorielles, telles que la création ou la visualisation d'œuvres d'art, peuvent également être profondément apaisantes. Le dessin, la peinture ou le coloriage peuvent offrir un moyen d'expression et de détente. Alternativement, le simple fait d'observer l'art ou la nature peut être apaisant. Passez du temps dans un jardin, un parc ou tout autre cadre naturel et admirez les couleurs, les formes et les mouvements qui vous entourent. Se laisser immerger visuellement dans la beauté peut réduire le stress et favoriser un sentiment de paix.

L'intégration de pratiques de conscience sensorielle dans votre routine quotidienne peut améliorer le bien-être général et fournir une boîte à outils fiable pour gérer le stress. En faisant régulièrement appel à vos sens de manière consciente et intentionnelle, vous pouvez cultiver une connexion plus profonde avec vous-même et le monde qui vous entoure, favorisant ainsi un sentiment d'équilibre et d'harmonie.

Chapitre cinq

Techniques de libération des traumatismes

Un traumatisme, qu'il soit dû à un seul événement ou à une série d'expériences prolongées, peut affecter profondément à la fois l'esprit et le corps. Les impacts d'un traumatisme se manifestent souvent sous diverses formes, notamment l'anxiété, la dépression, la douleur physique et la dérégulation émotionnelle. Pour traiter et guérir ces effets, diverses techniques de libération des traumatismes ont été développées, axées sur la reconnexion de l'esprit et du corps, la libération des tensions stockées et la promotion d'un sentiment de sécurité et d'autonomisation. Comprendre ces techniques et leurs applications peut fournir une approche globale de la guérison d'un traumatisme.

Comprendre les réponses aux traumatismes

Pour traiter efficacement un traumatisme, il est crucial de comprendre les réponses du corps aux expériences traumatisantes. Les réponses aux traumatismes sont les réactions naturelles du corps aux menaces perçues, qui sont profondément enracinées dans notre physiologie. Le système nerveux autonome joue un rôle central dans ces réponses, notamment à travers ses branches sympathiques et parasympathiques. Face au danger, le système nerveux sympathique déclenche la réaction de combat ou de fuite, préparant le corps à affronter ou à échapper à la menace. Cette réponse implique une cascade de changements physiologiques, notamment une augmentation de la fréquence cardiaque, une vigilance accrue et la libération d'hormones de stress comme l'adrénaline et le cortisol.

Cependant, lorsqu'une menace est perçue comme inévitable ou accablante, le corps peut entrer dans un état de gel, médié par le système nerveux parasympathique. Dans cet état, le corps s'arrête, entraînant des sensations d'engourdissement, d'immobilité et de déconnexion. Bien que ces réponses soient des mécanismes de survie adaptatifs, elles peuvent devenir inadaptées si elles persistent longtemps après que la menace soit passée. L'activation chronique de ces réponses peut entraîner toute une série de symptômes, notamment l'hypervigilance, les flashbacks, l'engourdissement émotionnel et les difficultés de concentration et de sommeil.

Comprendre ces réactions traumatiques est la première étape pour y remédier. Reconnaître que ces réponses sont naturelles et automatiques peut aider les individus à aborder leur guérison avec compassion et patience. En apprenant à identifier et à gérer ces réponses, les individus peuvent commencer à relâcher la tension physiologique et émotionnelle associée au traumatisme, ouvrant ainsi la voie à la guérison et au rétablissement.

Tremblements et tremblements pour la libération

L'une des techniques les plus naturelles et les plus efficaces pour se libérer d'un traumatisme consiste à trembler. Ces mouvements involontaires sont une façon pour le corps d'évacuer l'excès d'énergie et les tensions accumulées lors d'un événement traumatisant. Dans le règne animal, il est courant de voir des animaux trembler après qu'une menace soit passée, libérant ainsi le stress accumulé et revenant à un état de calme. Cependant, le système nerveux humautonomique supprime souvent ces impulsions naturelles, conduisant à la rétention de tensions et de traumatismes dans le corps.

Les exercices de libération des traumatismes, développés par le Dr David Berceli, sont une série d'exercices conçus pour susciter ces réactions naturelles de tremblements et de tremblements. Les exercices de libération des traumatismes impliquent une séquence de mouvements physiques qui fatiguent des groupes musculaires spécifiques, en particulier au niveau des jambes et des hanches, qui sont ensuite suivis d'une période d'allongement pour permettre au corps de trembler. Ce processus de tremblements aide à libérer les tensions profondes et à réinitialiser le système nerveux.

Pour pratiquer les exercices de libération des traumatismes, commencez par un échauffement pour étirer et préparer doucement le corps. Ensuite, effectuez une série d'exercices qui impliquent des postures soutenues et de légers mouvements pour fatiguer les muscles. Par exemple, se tenir debout avec les genoux légèrement fléchis et maintenir cette position peut créer la fatigue musculaire nécessaire. Après avoir terminé les exercices, allongez-vous sur le dos, les genoux pliés et les pieds à plat sur le sol. Laissez vos jambes bouger doucement d'un côté à l'autre ou de haut en bas, facilitant ainsi la réponse naturelle aux tremblements. Concentrez-vous sur votre respiration et observez les sensations dans votre corps sans chercher à contrôler ou supprimer les mouvements. Les tremblements et les tremblements peuvent également survenir spontanément dans d'autres contextes, comme pendant le yoga, la danse ou d'autres activités physiques. Permettre à ces mouvements de se produire naturellement, sans jugement ni suppression, peut être très bénéfique. Il est important d'aborder cette pratique avec un sentiment de sécurité et d'auto-compassion, en vous assurant que l'environnement est sécurisé et que vous êtes émotionnellement prêt à vous engager dans le processus de libération.

Utiliser le mouvement pour guérir

Le mouvement est un outil puissant pour la guérison des traumatismes, car il aide à reconnecter l'esprit et le corps, à libérer les tensions stockées et à promouvoir un sentiment d'autonomisation et d'action. Diverses formes de mouvement, telles que le yoga, la danse et les expériences somatiques, peuvent être particulièrement efficaces pour traiter les traumatismes.

Le yoga, par exemple, combine postures physiques, respiration et pleine conscience pour créer une approche holistique de la guérison. Le yoga sensible aux traumatismes, une forme spécialisée de yoga développée pour soutenir les survivants d'un traumatisme, met l'accent sur la sécurité, le choix et la pleine conscience.

Cette approche évite de déclencher des postures ou un langage et encourage les participants à être à l'écoute de leur corps et à avancer à leur rythme. Grâce à des mouvements doux et conscients, les individus peuvent commencer à renouer avec leur corps, relâcher les tensions et cultiver un sentiment de calme intérieur et de sécurité.

La danse et le mouvement expressif offrent également de puissantes voies de guérison des traumatismes. La thérapie par le mouvement dansé est une pratique thérapeutique qui utilise le mouvement et la danse pour promouvoir l'intégration émotionnelle, cognitive et physique. Dans la thérapie par le mouvement et la danse, les individus sont encouragés à exprimer leurs émotions et leurs expériences à travers le mouvement, permettant ainsi de libérer les tensions refoulées et favorisant un sentiment d'expression de soi et d'autonomisation. La danse improvisée et libre peut également être hautement thérapeutique, offrant un espace de mouvement spontané et sans entrave qui peut aider à libérer les émotions stockées et à promouvoir un sentiment de liberté et de joie.

L'expérience somatique (SE), développée par le Dr Peter Levine, est une approche de guérison des traumatismes axée sur le corps qui se concentre sur la sensation corporelle. Les praticiens SE guident les individus dans l'écoute de leurs sensations corporelles et dans l'utilisation du mouvement pour relâcher les tensions et rétablir l'équilibre du système nerveux. Cette approche met l'accent sur l'importance de compléter les réponses défensives naturelles du corps, comme courir ou se battre, qui peuvent avoir été interrompues lors de l'événement traumatisant. En guidant doucement le corps à travers ces mouvements, SE aide à libérer l'énergie emprisonnée et favorise la guérison. L'intégration du mouvement dans la vie quotidienne peut également favoriser la guérison des traumatismes. Des activités simples comme la marche, les étirements ou des exercices doux peuvent aider à relâcher les tensions et favoriser un sentiment de bien-être. La clé est de bouger de manière sûre et agréable, en permettant au corps de guider le processus. Des pratiques de mouvement régulières peuvent aider à renforcer la résilience, à améliorer la conscience du corps et à favoriser la santé mentale et physique globale.

Toucher sûr et maintien automatique

Le toucher est un aspect fondamental de l'expérience humaine et peut jouer un rôle important dans la guérison des traumatismes. Un toucher sûr et nourrissant peut aider à apaiser le système nerveux, favoriser un sentiment de connexion et de sécurité et favoriser la guérison. Cependant, pour les survivants d'un traumatisme, le contact physique peut parfois être déclencheur ou accablant. Il est essentiel d'aborder le toucher avec sensibilité et soin, en veillant à ce qu'il soit toujours consensuel et respectueux des limites individuelles. Un toucher sûr peut provenir d'un thérapeute de confiance, d'un partenaire ou même de soi-même. Dans les contextes thérapeutiques, le toucher doit toujours être discuté et convenu au préalable, avec des limites et un consentement clairs. Des techniques telles que le massage thérapeutique, le Reiki ou la thérapie cranio-sacrale peuvent fournir un toucher doux et solidaire qui aide à relâcher les tensions et favorise la relaxation.

La maîtrise de soi et le toucher de soi peuvent également être de puissants outils de guérison des traumatismes. Ces techniques consistent à utiliser ses propres mains pour apporter un toucher réconfortant et ancré à différentes parties du corps. Par exemple, placer une main sur le cœur et une autre sur l'abdomen peut créer un sentiment de sécurité et de connexion. Tenir doucement les côtés du visage, bercer l'arrière de la tête ou enrouler les bras autour du corps dans un câlin peut également être profondément apaisant.

Pour pratiquer le maintien, trouvez un espace calme et confortable où vous pourrez vous asseoir ou vous allonger. Commencez par prendre quelques respirations profondes pour vous recentrer. Placez vos mains sur une partie de votre corps qui vous semble réconfortante, comme votre cœur, votre abdomen ou votre visage. Appliquez une légère pression, comme si vous réconfortiez un être cher. Concentrez-vous sur les sensations de chaleur et de contact, en vous permettant de vous sentir soutenu et pris en charge. Vous pouvez également utiliser des mots d'affirmation ou d'auto-compassion, silencieusement ou à voix haute, pour renforcer le sentiment de protection et de sécurité.

En plus de l'auto-maintien, l'incorporation d'éléments sensoriels peut améliorer les effets apaisants du toucher. L'utilisation d'une couverture lestée, de tissus doux ou d'objets texturés peut fournir un apport sensoriel supplémentaire qui favorise la relaxation et l'ancrage. Ces éléments peuvent contribuer à créer une expérience multisensorielle qui soutient les processus naturels de guérison du corps. Les techniques de toucher et de maintien de soi peuvent être intégrées aux routines quotidiennes dans le cadre d'une pratique plus large de soins personnels. Prendre le temps chaque jour de pratiquer un toucher réconfortant, que ce soit par le biais d'un auto-massage, d'étirements doux ou simplement en posant une main sur le cœur, peut aider à renforcer la résilience et à favoriser le bien-être émotionnel. Il est essentiel d'aborder ces pratiques avec pleine conscience et compassion, en respectant les besoins et les limites de votre corps.

Chapitre six

Construire l'équilibre corps-esprit

Construire l'équilibre corps-esprit implique l'intégration de pratiques qui améliorent le lien entre le bien-être mental et physique. Cette approche holistique reconnaît l'interdépendance de l'esprit et du corps, en mettant l'accent sur les pratiques qui favorisent l'harmonie, la résilience et la santé globale. En cultivant la conscience, la pleine conscience et le mouvement intentionnel, les individus peuvent favoriser une compréhension plus profonde d'eux-mêmes et créer les bases d'un bien-être durable.

Pratiques de mouvement conscientes

Les pratiques de mouvement conscientes sont des formes d'activité physique qui mettent l'accent sur la conscience du corps et l'expérience du moment présent. Ces pratiques combinent le mouvement avec des techniques de pleine conscience telles que la respiration profonde, l'attention concentrée et la conscience sans jugement. En intégrant la pleine conscience dans le mouvement, les individus peuvent améliorer leur forme physique tout en favorisant la clarté mentale, la réduction du stress et la régulation émotionnelle.

Le Tai Chi et le Qigong sont d'anciennes pratiques chinoises qui illustrent le mouvement conscient. Le Tai Chi consiste en des mouvements lents et délibérés qui s'enchaînent harmonieusement de l'un à l'autre, accompagnés d'une respiration profonde et d'une attention concentrée. Le Qigong, quant à lui, implique des mouvements doux, des postures et des exercices de respiration conçus pour cultiver et équilibrer le qi (énergie vitale) dans le corps. Les deux pratiques mettent l'accent sur la relaxation, l'équilibre et la culture de la paix intérieure.

Une autre pratique de mouvement consciente populaire est le Pilates, qui se concentre sur la force, la flexibilité et la posture. Les exercices de Pilates sont effectués avec une respiration contrôlée et des mouvements précis, mettant l'accent sur l'alignement et la conscience de la mécanique corporelle. Cette approche consciente aide les individus à développer leur conscience corporelle, à améliorer leur coordination et à atténuer les déséquilibres musculaires.

La marche méditative est une pratique de mouvement consciente simple mais profonde qui peut être pratiquée n'importe où. Pendant la marche méditative, l'attention se concentre sur les sensations de la marche, telles que le mouvement des pieds, le rythme de la respiration et l'environnement qui vous entoure. Cette pratique encourage la pleine conscience en mouvement, favorisant un sentiment d'ancrage et de présence à chaque étape. Les pratiques de mouvement conscientes offrent de nombreux avantages pour l'équilibre corps-esprit. Une pratique régulière peut améliorer la forme physique, améliorer la flexibilité et la force, réduire le stress et l'anxiété et favoriser le bien-être général. En cultivant la pleine conscience par le mouvement, les individus peuvent approfondir leur connexion avec leur corps, accroître leur conscience de soi et développer leur résilience face aux défis de la vie.

Yoga pour la guérison somatique

Le yoga est une pratique holistique qui intègre des postures physiques (asanas), des exercices respiratoires (pranayama) et une méditation pour promouvoir la santé et le bien-être. Originaire de l'Inde ancienne, le yoga a évolué vers différents styles et approches, chacune offrant des bienfaits uniques pour l'équilibre et la guérison corps-esprit. Lorsqu'il est appliqué avec une approche somatique, le yoga devient un outil puissant pour relâcher les tensions, cultiver la conscience corporelle et soutenir la résilience émotionnelle. Le yoga somatique met l'accent sur la sensation du corps et encourage les individus à explorer les sensations, les mouvements et la respiration de manière consciente. Cette approche permet de libérer les tensions physiques et émotionnelles stockées dans le corps, favorisant la relaxation et rétablissant l'équilibre du système nerveux. En pratiquant le yoga de manière somatique, les individus peuvent développer une compréhension plus profonde de leur corps et de leurs besoins uniques en matière de guérison et de soins personnels.

Le yoga réparateur est un autre style doux et stimulant axé sur la relaxation et le repos profond. Dans le yoga réparateur, les postures passives sont maintenues pendant de longues périodes, soutenues par des accessoires tels que des traversins, des couvertures et des blocs. Cela permet au corps de se libérer des tensions et du stress, favorisant ainsi un état de relaxation profonde et de rajeunissement. Le yoga réparateur est particulièrement bénéfique pour les personnes qui se remettent d'une maladie ou d'une blessure, ainsi que pour celles souffrant de stress ou de fatigue chronique.

Le Yin Yoga est un style lent qui cible les tissus conjonctifs du corps, tels que les ligaments, les tendons et les fascias. Dans le Yin yoga, les postures sont maintenues pendant des durées plus longues, généralement de trois à cinq minutes ou plus, permettant des étirements et des relâchements profonds. Cette pratique permet d'augmenter la flexibilité, d'améliorer la mobilité des articulations et de libérer les tensions stockées au plus profond du corps. Le Yin yoga cultive également la pleine conscience et l'introspection, car les pratiquants sont encouragés à observer les sensations et les émotions qui surviennent pendant la pratique. Pratiquer le yoga pour la guérison somatique implique de créer un environnement sûr et favorable à l'exploration et à la découverte de soi. Il est essentiel d'aborder le yoga avec compassion et sans jugement, en respectant les limites du corps et en acceptant l'expérience du moment présent. En intégrant la respiration, le mouvement et la pleine conscience, le yoga devient une pratique formatrice du système nerveux traautonomique qui favorise la guérison holistique et favorise l'équilibre corps-esprit.

Danse et mouvement expressif

La danse et le mouvement expressif offrent de puissantes voies d'expression de soi, de libération émotionnelle et d'intégration corps-esprit. Grâce au mouvement, les individus peuvent accéder et traiter des émotions, des souvenirs et des expériences qui peuvent être difficiles à exprimer verbalement. La danse-thérapie, également connue sous le nom de Dance Movement Therapy, est une forme spécialisée de psychothérapie qui utilise le mouvement et la danse pour promouvoir l'intégration émotionnelle, cognitive et physique. Lors des séances de danse-thérapie par le mouvement, les individus sont invités à explorer et à s'exprimer à travers le mouvement, guidés par un thérapeute qualifié. Cette approche permet d'incarner des sentiments et des expériences, favorisant la conscience de soi et la perspicacité. Les techniques de thérapie par le mouvement dansé peuvent inclure l'improvisation, des séquences de mouvements structurées et l'expression créative par la danse. En s'engageant dans des mouvements expressifs, les individus peuvent libérer les émotions refoulées, réduire le stress et cultiver un sentiment d'autonomisation et de confiance en soi.

La danse extatique est une autre forme de mouvement expressif qui met l'accent sur une danse libre et spontanée sur une musique rythmée. Lors des séances de danse extatique, les participants sont encouragés à bouger intuitivement, sans jugement ni inhibition. Cette pratique favorise l'expression de soi, la créativité et la connexion avec les autres dans un environnement favorable et non verbal. La danse extatique peut être profondément cathartique, permettant aux individus de relâcher les tensions, de remonter le moral et d'éprouver un sentiment de liberté et de joie à travers le mouvement. L'intégration de la danse et du mouvement expressif dans la vie quotidienne peut favoriser l'équilibre corps-esprit et le bien-être émotionnel. Danser seul ou avec d'autres peut être une façon joyeuse d'évacuer le stress, d'améliorer son humeur et d'augmenter son niveau d'énergie. Bouger le corps en rythme au son de la musique stimule également la libération d'endorphines – des substances chimiques naturelles améliorant l'humeur dans le cerveau – qui favorisent les sentiments de bonheur et de relaxation.

Intégrer la respiration au mouvement

L'intégration de la respiration et du mouvement est un principe fondamental dans de nombreuses pratiques corps-esprit, améliorant l'efficacité des exercices physiques et favorisant la pleine conscience et la relaxation. Les techniques de respiration telles que la respiration profonde, la respiration synchronisée et la conscience de la respiration aident à réguler le système nerveux, à calmer l'esprit et à approfondir la connexion corps-esprit. En yoga, la coordination de la respiration et du mouvement est connue sous le nom de vinyasa ou flux. Les cours de yoga Vinyasa impliquent généralement une série de postures liées entre elles dans une séquence fluide, chaque mouvement étant synchronisé avec une inspiration ou une expiration. Cette approche consciente du yoga améliore non seulement la flexibilité et la force physique, mais favorise également la concentration mentale et la relaxation. En coordonnant la respiration avec le mouvement, les praticiens peuvent cultiver un sentiment de fluidité et de pleine conscience dans leur pratique.

Le Pilates met également l'accent sur l'importance du contrôle et de la coordination de la respiration. Dans les exercices Pilates, la respiration est utilisée pour initier et soutenir les mouvements, favorisant ainsi la stabilité, l'alignement et l'efficacité des mouvements. La respiration diaphragmatique profonde engage le système nerveux parasympathique, favorisant la relaxation et réduisant le stress. En intégrant la respiration au mouvement, les praticiens du Pilates peuvent améliorer la conscience du corps, améliorer la posture et favoriser le bien-être général.

Le Tai Chi et le Qigong intègrent également la respiration pour améliorer la circulation du qi (énergie vitale) dans le corps. Ces pratiques mettent l'accent sur des mouvements lents et délibérés coordonnés avec une respiration abdominale profonde. En se concentrant sur la respiration, les praticiens peuvent cultiver un état d'esprit calme et centré, harmoniser les systèmes énergétiques du corps et favoriser l'équilibre physique et émotionnel.

L'intégration de la respiration au mouvement peut également être appliquée aux activités quotidiennes, améliorant ainsi la pleine conscience et favorisant la relaxation dans divers contextes. Des pratiques simples telles que marcher avec une respiration synchronisée, pratiquer des étirements en pleine conscience ou s'engager dans des routines d'exercices doux peuvent aider les individus à rester présents, à réduire le stress et à améliorer leur bien-être général. En cultivant la conscience de la respiration et de sa connexion avec le mouvement physique, les individus peuvent exploiter le pouvoir formateur du système nerveux traautonomique de l'intégration corps-esprit pour soutenir leur santé et leur vitalité.

Chapitre sept

Techniques de renforcement de la résilience

La résilience, la capacité de rebondir face à l'adversité, est une compétence cruciale qui peut être développée et renforcée tout au long de la vie. Les techniques de renforcement de la résilience englobent une variété de stratégies visant à renforcer la force émotionnelle, à favoriser un noyau de soi résilient, à établir des réseaux de soutien et à intégrer des pratiques quotidiennes qui favorisent la résilience.

Développer la résilience émotionnelle

La résilience émotionnelle implique la capacité de s'adapter à des situations stressantes, de gérer efficacement ses émotions et de maintenir une perspective face aux défis. Une technique clé pour développer la résilience émotionnelle consiste à cultiver la pleine conscience. Les pratiques de pleine conscience, telles que la méditation et la respiration consciente, aident les individus à observer leurs pensées et leurs émotions sans jugement. Cette prise de conscience permet une meilleure régulation émotionnelle et réduit la réactivité dans les situations stressantes.

Une autre technique efficace est la restructuration cognitive, qui consiste à identifier et à remettre en question les schémas de pensée négatifs. En remplaçant les pensées irrationnelles ou catastrophiques par des pensées plus équilibrées et réalistes, les individus peuvent développer un état d'esprit plus résilient. De plus, pratiquer l'auto-compassion – être gentil et compréhensif envers soi-même dans les moments difficiles – favorise la résilience en favorisant la guérison émotionnelle et en réduisant l'autocritique.

Le bien-être physique joue également un rôle crucial dans la résilience émotionnelle. L'exercice régulier, un sommeil suffisant et une alimentation saine contribuent à la résilience globale en réduisant les niveaux de stress, en améliorant l'humeur et en améliorant la fonction cognitive. S'engager dans des passe-temps et des activités qui apportent de la joie et de l'épanouissement soutient davantage la résilience émotionnelle en favorisant un sentiment de but et de satisfaction.

Renforcer le Soi Fondamental

Renforcer le moi fondamental implique de cultiver un fort sentiment d'identité, des valeurs et un objectif qui servent de point d'ancrage pendant les périodes difficiles. La conscience de soi est un aspect fondamental de ce processus, car elle permet aux individus de comprendre leurs forces, leurs faiblesses et leurs limites personnelles. Les exercices de journalisation, d'introspection et d'auto-réflexion peuvent faciliter une conscience de soi plus profonde et renforcer le moi fondamental.

Fixer des objectifs significatifs alignés sur les valeurs et les aspirations personnelles fournit une orientation et une motivation, même face aux revers. Les techniques de définition d'objectifs, telles que les objectifs SMART (spécifiques, mesurables, réalisables, pertinents, limités dans le temps), aident les individus à diviser les objectifs plus larges en étapes plus petites et gérables. Célébrer les progrès et les réalisations tout au long du chemin renforce la confiance en soi et la résilience.

Pratiquer l'authenticité – être fidèle à soi-même et honorer ses valeurs – construit un moi fondamental résilient en favorisant l'intégrité intérieure et le respect de soi. Cela implique de faire des choix et des décisions qui correspondent à nos croyances et principes personnels, même face à des pressions ou à des défis externes. Renforcer la résilience implique également d'accepter les incertitudes de la vie et d'apprendre des échecs ou des revers, ce qui contribue à la croissance personnelle et à la résilience au fil du temps.

Construire un système de soutien

Construire un système de soutien est essentiel à la résilience, car les liens sociaux fournissent une validation émotionnelle, une assistance pratique et un sentiment d'appartenance. Cultiver des relations de soutien avec la famille, les amis, les pairs ou les mentors implique de nourrir la confiance, l'empathie et le respect mutuel. Des compétences de communication efficaces, telles que l'écoute active et l'affirmation de soi, améliorent la qualité des relations et renforcent le réseau de soutien.

Rechercher le soutien professionnel de conseillers, de thérapeutes ou de groupes de soutien peut également être bénéfique, en particulier en période de stress ou d'adversité importante. Ces ressources fournissent des conseils, des perspectives et des interventions thérapeutiques qui favorisent la guérison émotionnelle et le renforcement de la résilience. La création d'un réseau de soutien diversifié comprenant des relations personnelles et professionnelles garantit l'accès à de multiples sources de soutien et de perspectives.

S'engager dans des activités communautaires, du bénévolat ou des passe-temps de groupe favorise un sentiment de communauté et d'appartenance, qui contribue à la résilience. La participation à des intérêts ou à des causes communes permet aux individus de se connecter avec d'autres personnes partageant des valeurs ou des expériences similaires, favorisant ainsi le soutien mutuel et la solidarité. Renforcer la résilience grâce à l'implication communautaire favorise également un sentiment d'utilité et de contribution au bien commun.

Pratiques pour la résilience quotidienne

Les pratiques de résilience quotidienne impliquent l'intégration d'habitudes et de routines qui soutiennent le bien-être émotionnel, la gestion du stress et des stratégies d'adaptation adaptatives. Établir une routine quotidienne qui comprend du temps pour prendre soin de soi, se détendre et être conscient favorise la cohérence et la stabilité, qui sont des aspects fondamentaux de la résilience. Donner la priorité aux activités de soins personnels telles que l'exercice, une alimentation saine, un sommeil suffisant et des techniques de relaxation améliore la résilience physique et émotionnelle.

Les pratiques de pleine conscience, telles que la méditation, la respiration consciente ou le système nerveux autonome, peuvent être intégrées aux routines quotidiennes pour favoriser la conscience du moment présent et réduire le stress. Ces pratiques cultivent un état d'esprit calme et centré, permettant aux individus de répondre aux défis avec plus de clarté et de résilience. L'intégration de pratiques de gratitude, comme tenir un journal de gratitude ou exprimer son appréciation envers les autres, favorise une attitude positive et la résilience en se concentrant sur les forces et les bénédictions.

S'engager dans des activités créatives, des passe-temps ou des activités récréatives offre des opportunités d'expression de soi, de plaisir et de soulagement du stress. Les activités créatives, telles que l'art, la musique, l'écriture ou le jardinage, favorisent le bien-être émotionnel en permettant aux individus de canaliser leurs émotions, d'explorer de nouveaux intérêts et de recharger leur énergie. Le maintien d'un mode de vie équilibré qui inclut du temps pour le travail, les loisirs, la socialisation et la relaxation favorise la résilience globale et prévient l'épuisement professionnel.

Chapitre huit

Techniques somatiques avancées

Les techniques somatiques avancées représentent une approche spécialisée de la guérison qui intègre le corps et l'esprit, en se concentrant sur l'interconnexion entre les sensations physiques, les émotions et le bien-être psychologique. Ces approches reposent sur la compréhension du fait que les expériences traumatisantes et le stress chronique peuvent être stockés dans le corps, ce qui a un impact sur la santé et le fonctionnement en général. En abordant ces aspects somatiques (basés sur le corps) du traumatisme et du stress, ces techniques visent à faciliter la guérison, à améliorer la résilience et à promouvoir le bien-être holistique.

Expérience somatique

L'expérience somatique, développée par le Dr Peter Levine, est une approche axée sur le corps conçue pour traiter et guérir les symptômes liés aux traumatismes et aux troubles de stress. Au cœur de l'expérience somatique se trouve la compréhension que le traumatisme submerge la capacité naturelle du système nerveux à réguler les états d'excitation. Lors d'événements traumatisants, les réactions instinctives de combat, de fuite et de gel du corps peuvent être dérégulées, laissant l'individu coincé dans un état d'excitation ou d'engourdissement accru.

L'approche Somatic Experiencing vise à guider les individus à travers un processus de titration et de pendulation – explorant progressivement et en toute sécurité les souvenirs traumatiques et les sensations corporelles. Grâce à un suivi doux des sensations physiques et des expériences émotionnelles, Somatic Experiencing aide les individus à renégocier et à compléter ces réponses défensives qui ont été interrompues lors de l'événement traumatisant. Ce processus permet de décharger l'énergie stockée associée au traumatisme, favorisant la relaxation, rétablissant l'équilibre du système nerveux et facilitant la guérison émotionnelle.

Les séances d'expérience somatique impliquent généralement la création d'un environnement thérapeutique sûr où les clients peuvent explorer et traiter les sensations et les émotions à leur propre rythme. Les praticiens formés en expérience somatique utilisent des interventions douces pour aider les clients à développer une plus grande tolérance aux expériences physiques et émotionnelles, favorisant ainsi la résilience et le bien-être. En favorisant une conscience approfondie des sensations corporelles et en facilitant la libération des tensions stockées, l'expérience somatique aide les individus à retrouver un sentiment de sécurité, d'autonomisation et d'action dans leur vie.

Analyse bioénergétique

L'analyse bioénergétique combine les connaissances de la psychanalyse avec des techniques axées sur le corps pour favoriser la libération émotionnelle, l'expression physique et l'augmentation du flux bioénergétique. Développée par Alexander Lowen et John Pierrakos, l'analyse bioénergétique postule que les tensions musculaires et les blocages dans le corps peuvent inhiber le bien-être émotionnel et psychologique. Ces tensions reflètent souvent des défenses inconscientes et des émotions non résolues stockées dans le corps.

Les techniques clés de l'analyse bioénergétique comprennent des exercices de conscience corporelle, des techniques de respiration et des mouvements physiques spécifiques conçus pour relâcher les tensions musculaires et favoriser l'expression émotionnelle. Les praticiens formés en analyse bioénergétique aident les clients à explorer et à se libérer des schémas chroniques de maintien et de tension musculaire, qui peuvent être associés à des traumatismes passés ou à des facteurs de stress actuels.

Les séances commencent généralement par une évaluation des tensions corporelles et des habitudes posturales pouvant refléter des états émotionnels et psychologiques. Grâce à des interventions guidées telles que des exercices de mise à la terre, des mouvements expressifs et un traitement verbal, les clients sont encouragés à approfondir leur conscience des sensations et des émotions corporelles. L'analyse bioénergétique met l'accent sur l'intégration du corps et de l'esprit, favorisant une approche holistique de la guérison qui soutient la croissance personnelle, la résilience émotionnelle et une vitalité accrue.

Entraînement intégratif corps-esprit

La formation intégrative corps-esprit est une pratique basée sur la pleine conscience qui intègre les traditions contemplatives orientales aux approches thérapeutiques modernes. Issu d'anciennes pratiques de méditation chinoises, l'entraînement intégratif corps-esprit met l'accent sur l'interaction entre les processus cognitifs, émotionnels et physiques pour promouvoir le bien-être et la résilience. Cette approche vise à optimiser l'équilibre et l'intégration des fonctions corps-esprit grâce à des techniques d'entraînement à la pleine conscience et de conscience du corps.

Les séances d'entraînement intégratif corps-esprit impliquent généralement des pratiques guidées de pleine conscience qui cultivent la relaxation, l'attention concentrée et la conscience des sensations corporelles. Les praticiens formés à la formation intégrative corps-esprit aident les clients à développer des compétences dans l'observation des pensées et des sensations sans attachement ni jugement, favorisant ainsi un état de clarté mentale et d'équilibre émotionnel. En cultivant la conscience du moment présent et en améliorant les compétences d'autorégulation, l'entraînement intégratif corps-esprit soutient la résilience au stress et favorise des stratégies d'adaptation adaptatives.

La recherche sur l'entraînement intégratif corps-esprit a démontré son efficacité pour améliorer le contrôle attentionnel, la régulation émotionnelle et les indicateurs de santé physiologique tels que la variabilité de la fréquence cardiaque et les niveaux de cortisol. En intégrant la pleine conscience à des techniques axées sur le corps telles que l'ajustement de la posture et la relaxation, l'entraînement intégratif corps-esprit propose une approche holistique pour améliorer le bien-être général et promouvoir la résilience face aux défis de la vie.

Pratiques de méditation somatique

Les pratiques de méditation somatique intègrent la méditation de pleine conscience en mettant l'accent sur les sensations corporelles, les mouvements et la posture. Ces pratiques mettent l'accent sur l'incarnation de la pleine conscience, en sensibilisant aux sensations physiques, aux émotions et à l'interaction entre le corps et l'esprit. S'inspirant de traditions telles que le bouddhisme tibétain, le taoïsme et la psychologie somatique contemporaine, la méditation somatique propose diverses approches pour approfondir la conscience de soi et promouvoir la guérison holistique.

La méditation par scan corporel est une pratique somatique fondamentale qui consiste à scanner systématiquement le corps de la tête aux pieds, à remarquer et à relâcher les tensions ou l'inconfort. Cette pratique cultive la conscience du corps, la relaxation et une présence ancrée dans le moment présent. En attirant l'attention sur différentes parties du corps et en observant les sensations sans jugement, les individus peuvent développer une plus grande conscience de soi et une plus grande résilience au stress.

La marche méditative est une autre technique somatique qui encourage la pleine conscience pendant le mouvement. Les praticiens synchronisent la conscience de la respiration à chaque pas franchi, cultivant un sentiment de présence incarnée et de calme intérieur. Les pratiques de mouvement dynamiques, telles que le Qi Gong ou la méthode Feldenkrais, combinent une conscience consciente avec des mouvements physiques doux pour favoriser la flexibilité, l'équilibre et la circulation de l'énergie dans tout le corps. L'intégration de pratiques de méditation somatique dans la vie quotidienne offre des opportunités de cultiver la pleine conscience, d'améliorer la conscience de soi et d'approfondir la connexion corps-esprit. En intégrant la pleine conscience à la conscience corporelle, les individus peuvent développer une résilience au stress, améliorer la régulation émotionnelle et promouvoir la santé et la vitalité globales. La méditation somatique offre une voie vers la guérison et la croissance personnelle en honorant la sagesse du corps et en favorisant le bien-être holistique.

Chapitre neuf

Combiner la thérapie somatique avec d'autres modalités

Intégrer la thérapie somatique à la thérapie cognitivo-comportementale

L'intégration de la thérapie somatique à la thérapie cognitivo-comportementale représente une approche globale pour aborder à la fois les aspects physiologiques et cognitifs-émotionnels de la santé mentale et du bien-être. La thérapie cognitivo-comportementale se concentre sur l'identification et la modification des schémas de pensée et des comportements dysfonctionnels qui contribuent à la détresse psychologique, tandis que la thérapie somatique met l'accent sur le lien entre les sensations corporelles, les émotions et les traumatismes. La combinaison de ces modalités permet une approche thérapeutique holistique qui cible à la fois l'esprit et le corps. En pratique, intégrer la thérapie somatique à la thérapie cognitivo-comportementale implique de reconnaître comment les sensations corporelles et les réponses physiologiques peuvent influencer les pensées, les émotions et les comportements. Des techniques somatiques telles que l'analyse corporelle, la conscience de la respiration et les exercices de mise à la terre peuvent être intégrées aux séances de thérapie cognitivo-comportementale pour aider les clients à approfondir leur conscience des sensations physiques associées au stress, à l'anxiété ou aux déclencheurs de traumatismes. En explorant ces réponses corporelles, les clients acquièrent un aperçu de l'interaction entre leurs pensées, leurs émotions et leurs expériences corporelles.

Les techniques de thérapie cognitivo-comportementale, telles que la restructuration cognitive et les expériences comportementales, complètent les interventions somatiques en s'attaquant aux distorsions cognitives et en promouvant des stratégies d'adaptation adaptatives. Par exemple, un client souffrant de crises de panique peut bénéficier de techniques de thérapie cognitivo-comportementale pour combattre les pensées catastrophiques tout en apprenant simultanément des techniques somatiques pour réguler l'excitation physiologique et favoriser la relaxation. La collaboration entre les thérapeutes somatiques et les praticiens de la thérapie cognitivo-comportementale améliore les résultats du traitement en offrant aux clients une boîte à outils complète pour gérer les symptômes, améliorer la régulation émotionnelle et favoriser la résilience. Cette approche intégrative reconnaît la nature interconnectée de l'esprit et du corps, favorisant la guérison à plusieurs niveaux et soutenant le rétablissement à long terme.

Utiliser des pratiques somatiques dans la pleine conscience et la méditation

L'utilisation de pratiques somatiques dans la pleine conscience et la méditation combine les principes de la conscience somatique avec les pratiques contemplatives traditionnelles pour améliorer la conscience de soi, la régulation émotionnelle et le bien-être général. La méditation de pleine conscience consiste à cultiver la conscience du moment présent et l'acceptation sans jugement des pensées, des émotions et des sensations corporelles. Les pratiques somatiques, telles que la méditation par scan corporel, les mouvements de pleine conscience ou les techniques d'expérience somatique, approfondissent la pratique de la pleine conscience en intégrant l'attention aux sensations physiques et à l'expérience ressentie des émotions.

La méditation par scan corporel, pratique somatique fondamentale, guide les praticiens à travers une exploration systématique des sensations corporelles de la tête aux pieds. Cette pratique favorise la relaxation, la conscience du corps et une présence ancrée dans le moment présent. En dirigeant leur attention sur différentes parties du corps et en observant les sensations sans jugement, les individus développent une plus grande conscience de soi et une plus grande résilience au stress.

Les pratiques de mouvement conscientes, telles que le yoga, le Tai Chi ou le Qigong, intègrent la conscience de la respiration à des mouvements physiques doux pour favoriser la flexibilité, l'équilibre et la circulation de l'énergie dans tout le corps. Ces pratiques cultivent la pleine conscience en mouvement, améliorent l'intégration corps-esprit et soutiennent la régulation émotionnelle et la réduction du stress.

Les techniques d'expérience somatique, développées par le Dr Peter Levine, se concentrent sur la libération des tensions physiques et des traumatismes stockés grâce à une exploration douce des sensations et des mouvements corporels. L'intégration de ces techniques dans les pratiques de pleine conscience et de méditation permet aux individus d'approfondir leur compréhension de la connexion corps-esprit, de guérir des traumatismes passés et de cultiver la résilience et la paix intérieure. En utilisant des pratiques somatiques de pleine conscience et de méditation, les individus peuvent améliorer leur capacité d'autorégulation, leur résilience émotionnelle et leur bien-être général. Ces approches intégrées offrent diverses voies vers la guérison, la croissance personnelle et le développement spirituel, favorisant une connexion plus profonde avec soi-même et avec le monde.

Le rôle de la nutrition et de la santé somatique

Le rôle de la nutrition et de la santé somatique souligne l'importance des choix alimentaires et du soutien nutritionnel pour promouvoir un bien-être physique et mental optimal. La santé somatique fait référence à l'intégration des sensations corporelles, des émotions et des processus physiologiques qui influencent la santé et la vitalité globales. La nutrition joue un rôle crucial dans le soutien de la santé somatique en fournissant les nutriments essentiels, l'énergie et les substances biochimiques nécessaires au fonctionnement cellulaire, à la santé cérébrale et à la régulation émotionnelle.

Une alimentation équilibrée, riche en aliments entiers, en fruits, en légumes, en protéines maigres et en graisses saines, favorise une fonction cérébrale optimale et l'équilibre des émetteurs du système nerveux neurotrautonomique, essentiels à la régulation de l'humeur et à la gestion du stress. Les carences ou déséquilibres nutritionnels peuvent contribuer à des symptômes physiques tels que la fatigue, l'irritabilité et les troubles digestifs, affectant la santé somatique globale et le bien-être émotionnel. Certains nutriments jouent un rôle spécifique dans le soutien de la santé mentale et du fonctionnement somatique. Par exemple, les acides gras oméga-3 présents dans l'huile de poisson et les graines de lin sont essentiels à la santé du cerveau et à la régulation de l'humeur. Les vitamines B, le magnésium et le zinc sont impliqués dans la synthèse des émetteurs du système nerveux neurotrautonomique et dans la production d'énergie cellulaire, influençant la fonction cognitive et la stabilité émotionnelle.

La connexion intestin-cerveau met en évidence la relation entre la santé intestinale, la diversité du microbiome et le bien-être mental. Le microbiote intestinal produit des émetteurs neurotrautonomiques du système nerveux tels que la sérotonine et l'acide gamma-aminobutyrique, qui jouent un rôle clé dans la régulation de l'humeur et la réponse au stress. Une alimentation équilibrée qui favorise la santé intestinale, comme la consommation d'aliments riches en probiotiques, en fibres et en prébiotiques, peut améliorer la santé somatique et favoriser la résilience émotionnelle.

L'intégration de pratiques alimentaires conscientes, telles que prêter attention aux signaux de faim et de satiété, savourer les saveurs et pratiquer la gratitude pour les aliments nourrissants, favorise une relation positive avec la nourriture et améliore la conscience somatique. Une alimentation consciente encourage les individus à faire des choix alimentaires conscients qui correspondent à leurs besoins nutritionnels et favorisent la santé et le bien-être en général.

Le rôle de la nutrition dans la santé somatique s'étend au-delà de la nourriture physique pour englober les aspects émotionnels et psychologiques du bien-être. En donnant la priorité à une alimentation équilibrée, les individus peuvent soutenir leur santé somatique, améliorer leur résilience au stress et favoriser leur vitalité globale et leur bien-être émotionnel.

Travailler avec un thérapeute professionnel

Travailler avec un thérapeute professionnel offre un environnement structuré et favorable aux personnes cherchant à résoudre des problèmes de santé mentale, à gérer les problèmes du système nerveux trautonomique de la vie ou à améliorer leur croissance personnelle. Les thérapeutes professionnels, notamment des conseillers agréés, des psychologues, des travailleurs sociaux et des psychiatres, sont formés pour évaluer et traiter un large éventail de problèmes émotionnels, comportementaux et relationnels à l'aide d'approches fondées sur des données probantes. Choisir un thérapeute qui intègre les techniques de thérapie somatique garantit une approche holistique du traitement qui prend en compte la nature interconnectée de l'esprit, du corps et des émotions. Les thérapeutes somatiques sont formés pour aider les clients à explorer et à traiter les sensations physiques, les émotions et les réponses aux traumatismes stockées dans le corps. Grâce à des interventions guidées telles que des exercices de conscience corporelle, des respirations et des mouvements doux, les thérapeutes somatiques aident les clients à développer une plus grande conscience de soi, une meilleure régulation émotionnelle et une plus grande résilience.

Les séances de thérapie offrent aux clients un espace sûr et confidentiel pour explorer leurs pensées, leurs sentiments et leurs expériences sans jugement. Les thérapeutes utilisent une approche collaborative pour développer un traitement personnalisé du système nerveux plaautonomique qui répond aux besoins, aux objectifs et aux forces de chacun. L'intégration de la thérapie somatique à d'autres modalités, telles que la thérapie cognitivo-comportementale, les pratiques de pleine conscience ou les conseils nutritionnels, améliore le processus thérapeutique en offrant divers outils et stratégies de guérison et de croissance.

Une thérapie efficace implique l'établissement d'une relation thérapeutique de confiance basée sur l'empathie, le respect et la confidentialité. Les thérapeutes créent un environnement favorable dans lequel les clients se sentent entendus, compris et habilités à explorer et à résoudre les défis. En travaillant avec un thérapeute professionnel, les individus peuvent mieux comprendre leurs comportements et leurs schémas, développer des capacités d'adaptation et cultiver la résilience pour faire face plus efficacement aux défis de la vie. Les séances de thérapie peuvent se concentrer sur des problèmes spécifiques tels que la guérison d'un traumatisme, la gestion de l'anxiété, le traitement de la dépression, les conflits relationnels ou les objectifs de développement personnel. Les thérapeutes adaptent leur approche en fonction des forces, des préférences et des besoins thérapeutiques uniques de chaque client. Des séances de thérapie régulières fournissent un soutien, des encouragements et des conseils continus alors que les individus travaillent à la guérison, à la croissance personnelle et à la réalisation des objectifs de vie souhaités.

Chapitre dix

Créer un plan personnel de thérapie somatique

Créer un plan personnel de thérapie somatique implique d'adapter les pratiques thérapeutiques aux besoins et objectifs individuels, de favoriser la guérison, la résilience et la croissance personnelle grâce à une approche holistique qui intègre l'esprit et le corps. Ce plan complet comprend l'évaluation des besoins et des objectifs personnels, la conception d'une routine de pratique personnalisée, le suivi des progrès, l'ajustement des techniques si nécessaire et le dépassement des défis pour maintenir la motivation et l'engagement dans le processus thérapeutique.

Évaluer vos besoins et vos objectifs

L'évaluation de vos besoins et de vos objectifs est l'étape fondamentale dans la création d'un plan personnel de thérapie somatique. Cela implique une réflexion personnelle, une exploration des défis actuels et l'identification des résultats souhaités pour la thérapie. Les individus peuvent évaluer divers aspects de leur vie, notamment leur bien-être émotionnel, leur niveau de stress, leur santé physique, leur dynamique relationnelle et leurs objectifs de développement personnel.

L'auto-évaluation consiste à identifier des symptômes ou des problèmes spécifiques qui peuvent bénéficier d'une thérapie somatique, tels que le stress chronique, l'anxiété, les symptômes liés à un traumatisme ou des difficultés de régulation émotionnelle. Cela implique également de clarifier les objectifs personnels de la thérapie, tels que l'amélioration du bien-être général, le renforcement de la résilience, le développement de capacités d'adaptation ou la guérison d'expériences passées.

Au cours de cette phase, les individus peuvent bénéficier de la consultation d'un thérapeute somatique qualifié ou d'un professionnel de la santé pour mieux comprendre les domaines d'intérêt potentiels et les approches thérapeutiques appropriées. Les thérapeutes peuvent aider les individus à identifier les schémas sous-jacents, les déclencheurs et les obstacles au bien-être, les guidant dans la formulation d'objectifs thérapeutiques réalistes et réalisables.

Concevoir une routine de pratique personnalisée

Concevoir une routine de pratique personnalisée implique de sélectionner et d'intégrer des techniques somatiques qui répondent aux besoins et aux objectifs identifiés, en créant un plan structuré pour une pratique régulière et une intégration dans la vie quotidienne. Une routine personnalisée comprend généralement une combinaison d'exercices somatiques, de pratiques de pleine conscience et d'activités de soins personnels adaptées aux préférences, aux forces et aux objectifs thérapeutiques de chacun. Les techniques somatiques peuvent inclure des exercices de conscience corporelle, de la respiration, une relaxation musculaire progressive, des techniques d'expérience somatique ou des pratiques de mouvement conscientes telles que le yoga ou le Tai Chi. Ces techniques aident les individus à développer une plus grande conscience des sensations corporelles, à réguler l'excitation physiologique et à favoriser la relaxation et la guérison émotionnelle.

Les pratiques de pleine conscience complètent les techniques somatiques en améliorant la conscience du moment présent, l'acceptation sans jugement des pensées et des émotions et la conscience de soi avec compassion. Les pratiques de méditation telles que la méditation par scan corporel, la respiration consciente ou la méditation de bienveillance soutiennent la régulation émotionnelle, la réduction du stress et l'intégration des processus corps-esprit. L'intégration d'activités de soins personnels dans une routine personnalisée favorise le bien-être holistique et la résilience. Ces activités peuvent inclure un sommeil adéquat, une alimentation équilibrée, un exercice physique régulier, une expression créative, des liens sociaux et des techniques de relaxation telles que tenir un journal, passer du temps dans la nature ou s'adonner à des passe-temps favorisant la relaxation et le plaisir.

Suivi des progrès et ajustement des techniques

Le suivi des progrès et l'ajustement des techniques impliquent de surveiller les résultats thérapeutiques, d'évaluer l'efficacité des pratiques somatiques et de procéder aux ajustements nécessaires pour optimiser la guérison et la croissance personnelle. Le suivi des progrès permet aux individus de réfléchir à leurs expériences, d'identifier les tendances ou les changements dans les symptômes et de célébrer les étapes franchies grâce à la thérapie somatique. Les individus peuvent utiliser diverses méthodes pour suivre leurs progrès, comme tenir un journal ou un journal pour enregistrer leurs pensées, leurs émotions et leurs sensations physiques avant et après les séances somatiques. Cette pratique aide les individus à remarquer des tendances, des déclencheurs et des améliorations de leur bien-être au fil du temps, fournissant ainsi des informations précieuses sur l'impact de la thérapie somatique sur la vie quotidienne.

Des entretiens réguliers avec un thérapeute somatique ou un prestataire de soins de santé permettent de suivre les progrès en examinant les objectifs, en discutant des défis ou des réussites et en ajustant les stratégies thérapeutiques en conséquence. Les thérapeutes peuvent offrir des conseils pour affiner les techniques somatiques, explorer de nouvelles approches ou modifier les routines de pratique pour répondre à l'évolution des besoins et des objectifs thérapeutiques.

L'ajustement des techniques implique de la flexibilité et de l'ouverture à l'expérimentation de différentes pratiques somatiques ou à la modification des routines existantes en fonction des préférences et des réponses individuelles. Par exemple, les individus peuvent explorer des variantes de la méditation de pleine conscience, essayer de nouveaux exercices somatiques ou intégrer des activités de soins personnels supplémentaires pour améliorer leur bien-être général et leur résilience.

Surmonter les défis et rester motivé

Surmonter les défis et rester motivé est essentiel pour maintenir l'engagement envers un plan personnel de thérapie somatique au fil du temps. Des défis peuvent survenir au cours de la thérapie, tels qu'une résistance au changement, un inconfort émotionnel, des contraintes de temps ou des revers en cours. Le développement de stratégies de résilience et d'adaptation aide les individus à relever les défis et à maintenir leur motivation pour la pratique thérapeutique. Construire un réseau de soutien composé d'amis, de membres de la famille ou d'autres participants à la thérapie peut fournir des encouragements, une validation et une assistance pratique dans les moments difficiles. Partager des expériences, demander des conseils et recevoir de l'empathie de la part des autres favorise un sentiment de connexion et de soutien mutuel, renforçant ainsi la motivation et la résilience dans le parcours thérapeutique.

Pratiquer l'auto-compassion implique de se traiter avec gentillesse, compréhension et acceptation pendant les moments de lutte ou de doute de soi. L'auto-compassion cultive la résilience émotionnelle, réduit l'autocritique et favorise un dialogue intérieur enrichissant qui soutient la persévérance et l'engagement envers les objectifs thérapeutiques. Fixer des attentes réalistes en matière de thérapie implique de reconnaître que la guérison et la croissance personnelle se produisent progressivement et peuvent impliquer des périodes de progrès et de revers. Adopter le processus de changement, apprendre des défis et célébrer les petites victoires en cours de route favorise une attitude positive et une motivation soutenue pour la thérapie somatique.

Explorer les obstacles au progrès, tels que la peur du changement, le perfectionnisme ou les croyances autolimitantes, permet aux individus de développer des stratégies pour surmonter les obstacles et renforcer leur résilience. Les thérapeutes peuvent offrir des conseils pour relever des défis spécifiques, développer des capacités d'adaptation et cultiver un état d'esprit de croissance qui soutient la résilience et les stratégies d'adaptation adaptatives.

Chapitre onze

Études de cas et histoires de réussite

Exemples concrets de guérison somatique

Des exemples concrets de guérison somatique illustrent le pouvoir formateur du système nerveux traautonomique de la thérapie somatique pour répondre à un large éventail de défis psychologiques et physiques. Ces études de cas mettent en évidence comment les approches somatiques, qui intègrent des techniques corporelles à des interventions psychologiques, aident les individus à guérir d'un traumatisme, à réduire le stress, à améliorer la régulation émotionnelle et à promouvoir le bien-être général.

Par exemple, prenons le cas de Sarah, une survivante d'un traumatisme infantile qui souffrait d'anxiété chronique et d'hypervigilance. Grâce à des séances de thérapie somatique intégrant des techniques telles que l'expérience somatique et des pratiques basées sur la pleine conscience, Sarah a appris à identifier et à libérer les tensions stockées dans son corps associées aux expériences traumatisantes passées. Au fil du temps, Sarah a signalé une réduction des symptômes d'anxiété, une amélioration de la qualité du sommeil et une plus grande résilience émotionnelle. En se concentrant sur les sensations corporelles et en régulant les réponses du système nerveux, la thérapie somatique a aidé Sarah à retrouver un sentiment de sécurité et d'autonomie dans sa vie quotidienne.

Un autre exemple est celui de James, qui a souffert de douleurs chroniques et de détresse émotionnelle à la suite d'un accident de voiture. Les traitements médicaux traditionnels ont apporté un soulagement limité, ce qui a incité James à explorer la thérapie somatique comme approche alternative à la gestion de la douleur. Grâce à des séances comprenant du biofeedback, des exercices de mouvements doux et des techniques de relaxation guidées, James a appris à moduler ses réponses physiques à la douleur et à réduire sa réactivité émotionnelle. En conséquence, James a signalé une diminution de l'intensité de la douleur, une meilleure mobilité et un meilleur bien-être émotionnel. La thérapie somatique a permis à James de cultiver des pratiques de soins personnels et de retrouver un sentiment de contrôle sur son parcours de santé et de rétablissement.

Ces exemples concrets démontrent la nature holistique de la guérison somatique, mettant l'accent sur l'interconnexion de l'esprit et du corps dans la promotion de la résilience et la croissance personnelle. En abordant à la fois les aspects physiologiques et psychologiques du bien-être, la thérapie somatique offre à des personnes comme Sarah et James une voie vers la guérison, l'autonomisation et une meilleure qualité de vie.

Entretiens avec des praticiens de la thérapie somatique

Les entretiens avec des praticiens de la thérapie somatique fournissent des informations précieuses sur les fondements théoriques, les techniques thérapeutiques et les applications cliniques des approches somatiques en matière de santé mentale et de bien-être. Les praticiens partagent leur expertise, leurs expériences cliniques et leurs perspectives sur l'intégration des thérapies axées sur le corps avec les modalités psychothérapeutiques traditionnelles.

Le Dr Maya Johnson, thérapeute somatique agréée, discute des principes de l'expérience somatique et de son application dans la guérison d'un traumatisme. Le Dr Johnson souligne l'importance de suivre les sensations corporelles, de faciliter la régulation du système nerveux et de promouvoir la sécurité et le confinement lors des séances thérapeutiques. Elle explique comment les techniques somatiques, telles que la pendulation et le titrage, aident les clients à traiter et à intégrer progressivement les souvenirs traumatiques, favorisant ainsi la guérison émotionnelle et la résilience.

Dans une autre interview, le Dr Michael Chen, praticien de l'entraînement intégratif corps-esprit (Integrative Body-Mind Training), explore l'intersection de la méditation de pleine conscience et des pratiques somatiques pour promouvoir la réduction du stress et le bien-être émotionnel. Le Dr Chen discute de l'accent mis par la formation intégrative corps-esprit sur la culture de la clarté mentale, l'amélioration des compétences d'autorégulation et la promotion de l'intégration corps-esprit grâce à des pratiques guidées de pleine conscience et des techniques de conscience du corps. Il met en avant les résultats de la recherche sur l'efficacité de l'entraînement intégratif corps-esprit pour améliorer le contrôle attentionnel, la régulation émotionnelle et les indicateurs de santé physiologique.

Ces entretiens avec des praticiens de la thérapie somatique fournissent une compréhension nuancée de la manière dont différentes approches, telles que l'expérience somatique, l'analyse bioénergétique et la formation intégrative corps-esprit, répondent à des objectifs thérapeutiques et à des populations de clients uniques. Les praticiens partagent des exemples de cas, des idées thérapeutiques et des considérations éthiques sur l'intégration de techniques somatiques à la psychothérapie conventionnelle, améliorant ainsi les résultats du traitement et favorisant le bien-être holistique.

Témoignages de personnes qui en ont bénéficié

Les témoignages de personnes qui en ont bénéficié offrent des récits directs d'expériences personnelles avec la thérapie somatique, soulignant l'impact profond de ces approches thérapeutiques sur la guérison émotionnelle, la croissance personnelle et la résilience. Les individus partagent leurs parcours pour surmonter les défis, découvrir des ressources intérieures et réaliser des changements formateurs du système nerveux traautonomique dans leur vie grâce à des pratiques somatiques.

Emily, une survivante de violence domestique, raconte comment les séances de thérapie somatique l'ont aidée à renouer avec son corps et à retrouver un sentiment de sécurité et d'autonomisation. Grâce à des techniques telles que des exercices de mise à la terre et des mouvements doux, Emily a appris à libérer les tensions physiques et la détresse émotionnelle associées aux traumatismes. Elle décrit comment la thérapie somatique lui a permis de développer une plus grande conscience de soi, de reconstruire la confiance dans son corps et d'entretenir des relations plus saines.

John, un ancien combattant souffrant du trouble de stress post-traumatique, raconte son expérience des techniques d'expérience somatique. John explique comment les séances axées sur le suivi des sensations corporelles et la réalisation de réponses de survie interrompues lui ont permis de libérer progressivement le traumatisme stocké et de réduire les symptômes d'hyperexcitation. Il attribue à la thérapie somatique l'aide à retrouver sa stabilité, à améliorer la qualité de son sommeil et à renouer avec son sens du but et sa résilience.

Ces témoignages soulignent le potentiel formateur du système nerveux traautonomique de la thérapie somatique pour favoriser la récupération après un traumatisme, gérer les symptômes liés au stress et améliorer le bien-être général. Les individus expriment leur gratitude pour le soutien compatissant, les conseils thérapeutiques et les soins personnalisés reçus des thérapeutes somatiques, soulignant l'importance d'une approche centrée sur le client pour favoriser la guérison et l'autonomisation.

En partageant leurs histoires, les personnes qui ont bénéficié d'une thérapie somatique contribuent à un récit croissant de résilience, d'espoir et d'autonomisation personnelle. Leurs témoignages incitent d'autres personnes à explorer des approches somatiques, à rechercher du soutien pour résoudre des problèmes de santé mentale et à adopter des stratégies holistiques de guérison et de bien-être.

Conclusion

Félicitations pour avoir terminé « Techniques de thérapie somatique pour les débutants : le manuel d'auto-apaisement éprouvé pour la libération des traumatismes, l'équilibre corps-esprit et le renforcement de la résilience ». Tout au long de ce voyage, vous avez exploré le pouvoir formateur des pratiques somatiques sur le système nerveux traautonomique, des outils qui vous permettent de relever les défis de la vie avec résilience, grâce et conscience de soi. Comme vous l'avez appris, la thérapie somatique offre bien plus que des techniques ; c'est une philosophie ancrée dans la compréhension que notre corps détient la sagesse et le potentiel de guérison. En vous accordant aux sensations physiques, en régulant la respiration et en vous engageant dans des mouvements conscients, vous vous êtes engagé sur un chemin de profonde découverte de soi et de croissance.

Réfléchissez à vos expériences avec les exercices de mise à la terre, les techniques de respiration et la relaxation musculaire progressive. Remarquez comment ces pratiques vous ont aidé à relâcher les tensions, à calmer votre système nerveux et à cultiver une connexion plus profonde entre l'esprit et le corps. Chaque pas que vous avez franchi témoigne de votre engagement envers les soins personnels et le bien-être. N'oubliez pas que la guérison n'est pas linéaire : c'est un voyage fait de hauts et de bas, de moments de clarté et de moments de défi. Alors que vous continuez à intégrer des techniques somatiques dans votre vie quotidienne, soyez doux avec vous-même. Profitez de chaque instant comme d'une opportunité de croissance et d'apprentissage, en faisant confiance à votre capacité innée de résilience et de formation du système nerveux traautonomique.

Les histoires de résilience et d'autonomisation partagées dans ce livre nous rappellent que vous n'êtes pas seuls sur ce chemin. Beaucoup ont marché avant vous, surmontant les obstacles et trouvant la force dans leur cheminement vers la guérison. Laissez leurs expériences vous inspirer à persévérer, à rechercher du soutien en cas de besoin et à honorer votre chemin unique vers le bien-être. Que vous soyez en train de vous rétablir d'un traumatisme, de rechercher un meilleur équilibre corps-esprit ou simplement d'explorer de nouvelles façons d'améliorer votre bien-être, sachez que la thérapie somatique offre une multitude d'outils et d'idées pour vous soutenir. Faites confiance à la sagesse de votre corps, cultivez la compassion envers vous-même et célébrez chaque étape de votre voyage.

Merci d'avoir permis aux "Techniques de thérapie somatique pour débutants" d'être votre compagnon dans ce processus de formation du système nerveux traautonomique. Puissiez-vous continuer à entretenir votre connexion corps-esprit, à adopter votre résilience innée et à vivre une vie remplie de vitalité, d'authenticité et de profonde découverte de soi. Place à votre croissance, à votre guérison et à votre bien-être continus.